Kristin Berger-Loewenstein

L'INTELLIGENCE ÉMOTIONNELLE

- COMPRENDRE LES ÉMOTIONS -

Comment être plus serein, mieux gérer le stress, analyser et lire les gens et améliorer votre relation pas àpas grâce à des méthodes efficacies

Première édition originale : décmebre 2021

Image de couverture : LvNL / Shutterstock

ISBN: 9798781186570

LOEWENSTEIN
— INTERNATIONAL —

Loewenstein International
Ericusspitze 4, 20457 Hambourg

SOMMAIRE

Chapitre 1: Qu'est-ce que l'intelligence émotionnelle ?..........................9

Le secret de l'intelligence émotionnelle..13

L'autogestion comme point de départ de l'intelligence émotionnelle..........................19

Chapitre 2: Les neuf types d'intelligence..24

Les intelligences sont des capacités qui peuvent être développées..............................27

Les 5 erreurs les plus courantes en matière d'empathie..32

L'art du succès : de quelle "intelligence" dépend-il?...38

Mythes et faits concernant l'intelligence...42

Chapitre 3: Découvrez votre intelligence émotionnelle dès aujourd'hui!...45

Trois étapes efficaces pour établir des relations à long terme..53

Compétences: Une condition préalable essentielle à l'intelligence émotionnelle....... 56

4 précieux conseils pour améliorer votre conscience de soi..57

Développer la conscience sociale - Voici comment..61

L'autogestion facilitée..63

Suis-je intelligent sur le plan émotionnel ? L'autodiagnostic ultime...............................69

Chapitre 4: La clé de votre propre intelligence émotionnelle.................74

Les premiers pas vers l'intelligence émotionnelle..78

Les cinq meilleures méthodes pour apprendre ce e intelligence.....................................79

5 conseils pour améliorer votre propre intelligence émotionnelle................................82

Le secret des personnes émotionnellement intelligentes : le contrôle des émotions.86

Quel rôle joue la colère dans l'intelligence émotionnelle ?..89

Chapitre 5: Le côté obscur de l'intelligence émotionnelle...................... 93

Évitez à tout prix ces 4 erreurs... 96

Épuisement émotionnel ? Faites a ention à ces signes !..99

Les 6 moyens les plus rapides pour plus de sérénité.. 101

Chapitre 6: L'intelligence émotionnelle : le succès repose sur les émotions..103

Intelligence émotionnelle : saisissez votre chance de réussite dès maintenant !......108

Outlook.. 113

Partie pratique..117

Avant-propos

Toute personne qui a voulu accomplir quelque chose dans sa vie jusqu'à présent a appris que l'intelligence que nous acquérons par l'apprentissage est d'une importance élémentaire. Que ce soit à l'école, en formation, à l'université ou dans une carrière ultérieure, l'éducation et l'intelligence sont importantes pour la réussite future. Mais si ce n'était pas le cas ?

Ces dernières années, de plus en plus d'experts ont mûri la conviction que l'intelligence émotionnelle est tout aussi importante. On va même jusqu'à dire que ce type d'intelligence est au même niveau que les diplômes et l'application de connaissances factuelles.

L'intelligence émotionnelle ? Cela peut paraître un peu étrange au premier abord, mais elle a une signification centrale dans nos vies. Dans les pages suivantes de ce livre, vous apprendrez la signification exacte de ce mot, ainsi que les possibilités que celui-ci déploie.

Et il y en a vraiment beaucoup. Si vous voulez réussir aujourd'hui, vous ne pouvez plus vous fier uniquement à votre capacité à penser logiquement. L'intelligence émotionnelle est tout aussi élémentaire. Saviez-vous, par exemple, que les entreprises sélectionnent aujourd'hui leurs employés en fonction du niveau d'intelligence émotionnelle qu'ils possèdent ? Par conséquent, de nombreuses entreprises ne s'intéressent pas aux certificats ou aux qualifications - ce sont simplement d'autres valeurs qui comptent.

L'intelligence émotionnelle est très importante pour les entreprises, car des études ont montré que les personnes dotées d'une intelligence émotionnelle augmentent leur production de 20 % grâce à un meilleur environnement de travail !

Par conséquent, il est important d'explorer et éventuellement d'améliorer sa propre intelligence émotionnelle. Avant tout, les sentiments personnels jouent un rôle décisif à cet égard. Toutefois, il ne suffit pas de les percevoir.

Alors que la perception de ses propres sentiments est un défi pour certaines personnes, celles-ci les suppriment de manière inconsciente. Cela entraîne à son tour une accumulation d'émotions qui doivent être évacuées à un moment donné. Dans la plupart des cas, cela provoque des réactions de colère.

Percevoir ses propres sentiments et les connaître est donc élémentaire en termes d'intelligence émotionnelle. Et dans ce livre, vous apprendrez comment tout cela fonctionne exactement et vous apprendrez également quelle place, par exemple la colère, occupe dans l'intelligence émotionnelle.

La connaissance de vos propres sentiments vous permettra de travailler avec eux. Grâce à votre intelligence émotionnelle, vous serez en mesure d'atténuer certains sentiments négatifs. Dans le même souffle, vous serez en mesure de renforcer les sentiments positifs. Par exemple, vous serez capable de résoudre les conflits de manière calme et objective.

L'intelligence émotionnelle vous offre également la possibilité d'interpréter correctement les sentiments de vos semblables. Surtout en ce qui concerne votre propre succès, cela devient de plus en plus important dans la société d'aujourd'hui. Très peu de gens aiment s'entourer de personnes égoïstes et antipathiques. L'empathie est un véritable aimant à succès aujourd'hui.

Si vous avez suffisamment d'empathie, de nombreuses portes s’ouvriront à vous. Si cela va de pair avec une intelligence émotionnelle élevée, le succès est garanti.

Ces quelques exemples montrent clairement l'importance de l'intelligence émotionnelle dans le monde d'aujourd'hui, et notamment pour votre propre réussite. Vous devriez donc commencer dès aujourd'hui à explorer votre intelligence émotionnelle et éventuellement l'améliorer.

Sincèrement,

Kristin Berger Loewenstein

Chapitre 1: Qu'est-ce que l'intelligence émotionnelle ?

En revanche, l'intelligence émotionnelle crée un sentiment de sécurité et de force. Il convient de noter que l'intelligence émotionnelle peut être présente en tant que compétence d'une part, et en tant que trait de personnalité d'autre part.

Le terme technique ***"intelligence émotionnelle"*** a été introduit par John D. Mayer et Peter Salovey vers 1990. L'intelligence émotionnelle est basée sur le concept de la théorie des intelligences multiples et trouve son origine chez Howard Gardner. Ses idées fondamentales étaient déjà appelées ***"intelligence sociale"*** par Edward Lee Thorndike et David Wechsler.

Edward Lee Thorndike a clarifié sa pensée dès 1920 à l'aide d'un exemple. Edward Lee Thorndike y décrit que le meilleur mécanicien possédant d'excellentes connaissances techniques échouera en tant que contremaître si l'intelligence sociale n'est pas présente.

L'intelligence émotionnelle joue donc également un rôle décisif dans la réussite, tant dans la vie professionnelle que privée. Daniel Goleman doit également être mentionné dans ce contexte. Le journaliste américain a publié son livre en 1995 : ***"EQ. Intelligence émotionnelle".*** Examinons maintenant brièvement la vie des hommes les plus importants dans le domaine de l'intelligence émotionnelle.

John D. Mayer

John D. Mayer, né le 6 décembre 1953, est un psychologue américain. Il est surtout connu pour ses recherches sur l'intelligence émotionnelle. Il a développé le concept ainsi que le modèle de cette intelligence dans les années 90 avec Peter Salovey.

Les résultats de ses recherches ont été connus d'un large public, notamment grâce au journaliste Daniel Goleman et à son livre. John D. Mayer est également l'un des auteurs du test d'intelligence émotionnelle Mayer-Salovey-Caruso (MSCEIT). Dans ce contexte, un cadre nouveau et intégré pour la psychologie de la personnalité a également été développé. C'est ce que l'on appelle le cadre systémique de la psychologie de la personnalité. John D. Mayer est également l'auteur du livre ***"Intelligence : The Power of Personality and How It Shapes Our Lives".***

Un autre domaine de recherche de Mayer est la psychologie systématique de la personnalité. Il a été particulièrement remarqué pour sa proposition de consacrer une catégorie psychiatrique spéciale aux personnalités politiques destructrices. Cela devait s'appeler ***"Dangerous Leader Disorder".*** John D. Mayer enseigne toujours à l'université du New Hampshire.

Peter Salovey

Né le 21 février 1958, Peter Salovey est un psychologue social américain qui doit sa notoriété à ses recherches dans le domaine de l'intelligence émotionnelle. Il a développé le concept et le modèle de ce type d'intelligence avec John D. Mayer. Au cours de sa carrière, Salovey a travaillé dans diverses universités et écoles supérieures. Il y a non seulement dirigé une grande variété de départements, mais a également été doyen. Il occupe actuellement le poste de président de l'université de Yale.

Peter Salovey a écrit de nombreux livres qui ont été traduits en onze langues. Avec John D. Mayer, il a théorisé que les personnes ayant un large éventail de capacités intellectuelles ont également un large éventail de capacités émotionnelles mesurables. De cette façon, les pensées et les actions des gens pourraient être profondément influencées.

Daniel Goleman

Daniel Goleman, né le 7 mars 1946, est un psychologue américain. Il a enseigné en tant que psychologue clinicien à l'université de Harvard pendant quatre ans et a également publié la revue ***"Psychology Today".*** En 1995, Goleman s'est fait connaître à un large public grâce à son livre ***"EQ. Emotional Intelligence",*** devenu un best-seller. En 2006, une suite, ***"Social Intelligence"*** a été publiée. Dans ce livre, Goleman se concentre davantage sur les interactions interpersonnelles et le comportement dans les contextes sociaux.

Psychologue de renommée internationale, Daniel Goleman donne régulièrement des conférences dans des universités ou devant des groupes professionnels et des hommes d'affaires. M. Goleman est également journaliste économique et a couvert les sciences du cerveau et du comportement dans le New York Times pendant de nombreuses années.

En outre, Goleman a co-fondé le groupe de travail sur l'apprentissage académique, social et émotionnel à l'université de l'Illinois à Chicago. Dans ce groupe, les membres se concentrent sur la mise en place de programmes d'alphabétisation émotionnelle fondés sur des preuves dans les écoles du monde entier.

Le dernier livre que Goleman a publié s'intitule ***"Leadership : The Power of Emotional Intelligence".*** Au cœur de ce livre se trouve un résumé de sa pensée de leader. Pour la première fois, Goleman réunit en un seul volume ses articles de la ***"Harvard Business Review"*** ainsi que des extraits importants de ses livres. Entre autres choses, il clarifie la question de savoir ce qui fait un leader et comment le leadership doit être structuré afin d'obtenir des résultats optimaux.

La majorité de ses livres traitent de l'intelligence émotionnelle. Dans son dernier ouvrage, il publie les résultats actuels de la recherche sur le cerveau. En outre, il aborde également les thèmes de la créativité et des performances optimales dans son nouveau livre.

Les trois psychologues John D. Mayer, Peter Salovey et Daniel Goleman ont rendu le terme d'intelligence émotionnelle honorable. Mais qu'est-ce qui rend exactement ce type d'intelligence spécial ?

Le secret de l'intelligence émotionnelle

Selon Daniel Goleman , l'intelligence émotionnelle comprend plusieurs compétences clés. Tous ces éléments sont liés les uns aux autres. Les personnes dotées d'une intelligence émotionnelle possèdent cinq compétences particulières. Ils sont capables de:

- reconnaître leurs propres sentiments
- influencer les émotions
- mettre en œuvre des objectifs
- avoir de l'empathie
- gérer les relations

Reconnaître ses propres sentiments

Reconnaître et accepter nos propres sentiments tels que nous les vivons est la compétence la plus fondamentale de l'intelligence émotionnelle. Ce n'est qu'avec cette capacité que nous pouvons comprendre notre propre comportement et nos motivations. De cette façon, nous pouvons considérer les émotions comme activement contrôlables et nous ne sommes pas à leur merci.

Influencer les émotions

Les personnes dotées d'intelligence émotionnelle sont capables de gérer leurs sentiments d'une manière adaptée à la situation. Cela signifie également que ces personnes sont capables decalmer leur colère.

De plus, les personnes émotionnellement intelligentes peuvent modérer les sentiments d'anxiété, de déception, d'opprobre ou d'irritabilité. Ils peuvent également renforcer leurs sentiments positifs. Ainsi, les personnes dotées d'une intelligence émotionnelle sont plus à même de surmonter les défaites et le stress.

Réalisation des objectifs

Une autre compétence qui détermine l'intelligence émotionnelle est d'influencer les sentiments de manière à ce qu'ils soient utiles pour atteindre ses objectifs. Dans ce cas, l'intelligence émotionnelle est au cœur de l'auto-motivation. Il favorise également la créativité et augmentela fréquence des sentiments de réussite. Ceux qui possèdent une intelligence émotionnelle peuvent également résister aux préjugés et aux tentations émotionnelles à court terme.

Elle évite également les réactions impulsives. Avec l'aide de l'intelligence émotionnelle, nous pouvons adopter une perspective à plus long terme, en nous concentrant sur l'avenir plutôt que de privilégier les récompenses éphémères.

La capacité d'empathie

L'empathie est le fondement de toute connaissance de la nature humaine et des relations interpersonnelles. L'empathie nous offre la possibilité de reconnaître les sentiments, lesdésirs et les besoins des autres et d'y répondre. Cependant, l'empathie comporte aussi ledanger de manipuler les autres.

Gestion des relations

Les personnes dotées d'une intelligence émotionnelle ont la capacité de façonner les relations. La gestion des sentiments d'autrui joue un rôle très important dans ce cas. De cette façon, nous pouvons non seulement accroître notre popularité et notre estime, mais aussi mieux nous intégrer dans les groupes.

Cela constitue la base d'une coopération harmonieuse, par exemple, dans une grande variété de professions. Cependant, la capacité à façonner les relations, comme l'empathie, peut être utilisée à des fins de manipulation. Parce que ces deux compétences sont très étroitement liées.

L'intelligence émotionnelle dans les postes de direction

L'intelligence émotionnelle peut donc avoir une influence décisive sur notre réussite. Plusieurs études ont été réalisées sur ce sujet. Elles montrent que ce type d'intelligence va souvent de pair avec de solides compétences en matière de leadership et de relations sociales.

Mais la gestion des émotions joue également un rôle décisif dans les postes de direction. Non seulement vos propres émotions sont déterminantes, mais aussi celles de vos employés. Rappelez-vous un instant de l'avant-propos. Il a été question du fait que de plus en plus d'entreprises recrutent des employés non pas en fonction de leurs qualifications, mais sur la base de leur intelligence émotionnelle.

Nous savons aujourd'hui que les meilleurs leaders possèdent de solides compétences en autogestion. Cela fait à son tour partie de l'intelligence émotionnelle. L'intelligence émotionnelle fait partie des compétences sociales.

Le psychologue Peter Salovey a publié, avec le professeur David R. Caruso, le livre ***"Managing with Emotional Competence - The Four Key Skills for Your Everyday Leadership"***. Il s'adresse principalement aux dirigeants de tous niveaux. Dans cet ouvrage, la compétence émotionnelle est divisée en quatre sous-domaines :

1. Identification des émotions
2. début de l'émotion
3. Comprendre les émotions
4. Gestion des émotions

Identification des émotions

Toutes les émotions que nous ressentons et que nous montrons contiennent en même temps des données que notre interlocuteur ou nous-mêmes pouvons évaluer. Par le biais de nos émotions, les événements importants de notre vie intérieure nous sont signalés. Mais nous pouvons également percevoir de cette manière des signaux provenant de notre environnement social et de notre entourage.

Par conséquent, pour une communication efficace, il est essentiel que nous reconnaissions avec précision les émotions des autres. En outre, nous devons être capables de communiquer clairement et d'exprimer nos propres émotions.

Début de l'émotion

Ce que nous ressentons influe sur ce à quoi nous pensons et sur la manière dont nous y pensons. Avec l'aide des émotions, nous pouvons diriger notre attention vers les choses importantes de la vie. De plus, nous sommes en accord avec certaines actions à travers nos sentiments et nos émotions. Il nous est ainsi plus facile de trouver des solutions aux problèmes, car nos émotions contrôlent également nos processus de pensée.

Comprendre les émotions

En fait, les émotions n'ont rien à voir avec les coïncidences. Au contraire, les émotions sont déclenchées par certains facteurs et évoluent également selon des règles fixes. Par conséquent, chaque émotion est également compréhensible. Les connaissances de chacun sur le monde des émotions se reflètent dans le vocabulaire à cet égard.

Les personnes qui s'occupent intensivement des sentiments ont également la capacité d'analyser les émotions. Dans ce cas, on peut répondre à la question : *"Et si ?"*.

Gestion des émotions

Les émotions ou les sentiments contiennent des informations et influencent notre pensée. Il en résulte la nécessité d'intégrer intelligemment les émotions dans sa réflexion, ses approches de la résolution de problèmes, son jugement et son comportement. Cependant, cela exige que nous soyons ouverts à toutes les émotions. Par conséquent, nous devrions choisir des stratégies qui intègrent la sagesse du monde émotionnel.

Les voilà donc, les quatre domaines de compétences de l'intelligence émotionnelle en relation avec le leadership. Il convient toutefois de mentionner que chaque domaine de compétence existe indépendamment des autres. Cependant, ils se construisent toujours les uns sur les autres. Chacune de ces quatre compétences peut être mesurée, apprise et développée indépendamment. En raison de l'interrelation entre les compétences, nous pouvons les utiliser de manière intégrative pour résoudre des problèmes importants ou difficiles.

L'autogestion comme point de départ de l'intelligence émotionnelle

L'autogestion peut ne jouer qu'un rôle accessoire dans le domaine de l'intelligence émotionnelle. Néanmoins, cela ne peut pas faire de mal de s'optimiser dans ce domaine également. À cet égard, précisons d'abord ce qu'est l'autogestion.

L'autogestion n'est en fait rien d'autre que la capacité à s'occuper de manière indépendante et autonome de la conception de son propre développement personnel et professionnel. Ainsi, vous vous amenez à réaliser de plus en plus de performances. L'autogestion ne doit pas être confondue avec la gestion classique du temps.

L'autogestion vise à trouver une technique pour soi-même qui permette de perfectionner sa propre façon de travailler et, en même temps, sa propre personne. L'accent est mis ici sur la motivation propre de chacun. La plupart des employés sont peu motivés lorsqu'ils se rendent au travail le lundi matin et savent qu'une énorme montagne de travail les attend.

Il n'est pas rare que cette montagne de travail reste inachevée pendant un certain temps parce que vous êtes simplement distrait par d'autres choses ou que vous vous perdez dans des rêveries. Cependant, votre propre attitude, associée à la bonne méthode, peut empêcher cela.

L'autogestion ne commence pas par le temps disponible, car personne ne peut rien changer au temps. Chacun d'entre nous ne dispose que de 24 heures par jour. Si l'on déduit le sommeil et d'autres choses essentielles, comme les repas, il reste encore une certaine limite de temps.

Au contraire, l'autogestion commence par sa propre personne. Elle comprend son propre développement, son propre plan et sa propre organisation. Ces trois points constituent la base d'une autogestion réussie.

Une méthode très simple entre en jeu dans cette gestion : la productivité permet de gagner du temps et de minimiser les interruptions. Il existe plusieurs façons d'atteindre la productivité :

Méthode Eisenhower

Dans cette méthode, les tâches à accomplir sont divisées en quatre domaines :

- important/urgent
- important/pas urgent
- insignifiant/urgent
- sans importance/non urgent

Les tâches sont ensuite accomplies l'une après l'autre en fonction de l'ordre de priorité attribué.

Méthode ABC

La méthode ABC est similaire à la méthode Eisenhower. Cependant, ici, il n'y a qu'une division en trois zones :

- très important
- moins pertinent
- peu/pas du tout important.

Le principe de Pareto 80-20

Selon ce principe, 20 % sont investis et au final, l'effet est de 80 %. Avec cette méthode, vous devez investir beaucoup dans la construction.

Méthode SMART

Dans cette méthode, les objectifs sont formulés de manière positive et dans des critères ultérieurs :

- Sync et corrections par n17t01
- mesurable
- orienté vers l'action
- Réaliste terminé

Méthode Pomodoro

Pour cette méthode, vous devez d'abord définir une certaine période de temps. Cette durée peut être, par exemple, de 15 minutes. Pendant ce temps, les tâches sont accomplies de manière concentrée et déterminée. Elle est suivie d'une courte pause. Dans un nombre déterminé de Pomodoros, toutes les tâches doivent ensuite être accomplies.

Dans cette méthode, les objectifs sont formulés en fonction des critères suivants :

- ambitieux
- motivation
- organisé
- Réaliste

- réel

Méthode GTD

Cette méthode est dérivée de l'expression anglaise "Getting Things Done" et provient du best-seller de David Allen. Dans ce cas, un projet est divisé en de nombreuses petites étapes.

Ces étapes sont à leur tour classées en fonction des trois questions W (quand, comment et où). Dans ce cas, il est important qu'une nouvelle priorisation soit faite chaque jour.

Méthode ALPEN

À l'aide de cette méthode, la première chose à noter est ce qu'il faut faire. De plus, une estimation du temps est faite, incluant un petit tampon. La liste est ensuite classée par ordre de priorité et vérifiée à la fin de la journée. Tout ce qui n'est pas terminé est reporté au jour suivant avec la plus haute priorité.

Mais avant d'opter pour une ou plusieurs de ces méthodes, vous devez d'abord comprendre ce que signifie réellement l'autogestion.

L'autogestion se caractérise par des objectifs qui sont significatifs et réalistes pour vous. En même temps, vous reconnaissez les tâches et pouvez les subordonner aux objectifs. L'autogestion exige que vous puissiez établir des priorités et que vous soyez cohérent.

Vous devez avoir un plan afin de pouvoir réaliser vos intentions. Pour pouvoir réaliser les tâches et les résolutions, vous avez besoin d'une approche stratégique. Vous devez également être motivé(e) et efficace.

Et un dernier conseil : en ce qui concerne les différentes méthodes, il peut être utile de les essayer toutes une fois avant de se décider pour une variante. Ainsi, vous saurez exactement quelle approche est la plus efficace pour vous. Ne vous découragez pas si la première ou même les trois premières méthodes ne vous conviennent pas. Il y en aura une pour vous parmi toutes les méthodes mentionnées - c'est garanti.

Grâce à une bonne gestion de soi et à l'intelligence émotionnelle, vous disposez d'innombrables possibilités de réussite. Vous savez maintenant ce que signifie l'intelligence émotionnelle et le secret qu'elle recèle. De nombreux experts et psychologues ont déjà étudié ce type d'intelligence, et ils sont tous d'accord pour dire que cette intelligence est beaucoup plus importante que le QI d'une personne.

Chapitre 2: Les neuf types d'intelligence

Les notes scolaires ou autres qualifications jouent encore aujourd'hui un rôle décisif. Prenons l'exemple de la recherche d'un apprentissage : si une personne à la recherche d'un apprentissage pose sa candidature pour une place vacante, la première chose qui est examinée à la loupe, ce sont les notes scolaires. Si celles-ci ne correspondent pas aux spécifications de l'entreprise de formation, le demandeur n'a pratiquement aucune chance d'obtenir la formation à l'avance.

Il est totalement indifférent de savoir si l'étudiant aurait pu réussir la formation malgré son talent ou ses autres compétences. De nombreuses entreprises de formation considèrent encore les notes scolaires comme le facteur le plus important. Mais l'INTELLIGENCE UNIQUE n'est pas le facteur déterminant pour savoir si quelqu'un est bon dans son travail ou dans sa formation.

Ceci a déjà été réfuté dans les années 80 par Howard Gardner et sa théorie sur l'intelligence multiple. Selon cette théorie, les tests d'intelligence classiques ne sont pas suffisants pour pouvoir décider des capacités d'une personne et, dans certaines circonstances, la promouvoir.

Howard Gardner, né le 11 juillet 1943, est un pédagogue réputé. Jusqu'à sa théorie, on pensait que l'intelligence était une fonction mentale. Cette fonction devrait influencer la capacité d'une personne à résoudre des problèmes, notamment dans le domaine logico-mathématique.

Grâce à sa théorie, Gardner a remis en question l'opinion antérieure. Dans sa théorie des intelligences multiples, il a reconnu que l'homme ne possède pas une intelligence qui serait également applicable dans l'aspect vie. Il existe plutôt différentes formes d'intelligence.

Dans certains domaines, les théories ainsi que le concept d'intelligence unique sont déjà dépassés. Il n'est donc plus approprié de mesurer uniquement les composantes logico-mathématiques et linguistico-linguistiques de l'intelligence et de les promouvoir en conséquence.

Dans la théorie des intelligences multiples, la compétence cognitive est considérée comme la somme de différents talents, capacités et performances mentales. Dans ce contexte, Gardner a également sa propre définition de l'intelligence. Selon ce principe, la capacité à résoudre des problèmes ou à fabriquer des produits qui sont appréciés dans un cadre culturel décrit l'intelligence réelle.

Selon la théorie de Gardner, si certaines formes d'intelligence sont liées à la réussite scolaire, d'autres formes d'intelligence sont tout aussi importantes. L'excellence académique n'est pas tout et ne définit pas en premier lieu l'intelligence d'une personne.

Au contraire, les autres formes d'intelligence ne sont pas liées aux notes ou aux diplômes scolaires. Cela signifie que même une personne en quête d'une formation qui n'a pas les meilleures notes à l'école n'est pas moins intelligente qu'un élève qui n'a que des bonnes notes.

La théorie d'Howard Gardner va jusqu'à suggérer que les facteurs scolaires ont tendance à être un faible indicateur des succès qu'une personne obtiendra dans la vie.

Il fait donc référence aux personnes qui obtiennent un score très élevé à un test d'intelligence traditionnel. Cependant, ces personnes n'ont que de faibles compétences, par exemple en matière de relations.

Il en va de même pour les athlètes. Eux aussi doivent avoir une certaine intelligence pour réussir. Cependant, même un athlète de haut niveau ne pourra pas atteindre ses objectifs et ses succès avec l'intelligence au sens classique et traditionnel du terme. Par conséquent, les athlètes doivent exceller dans une autre forme d'intelligence.

Gardner insiste beaucoup sur le fait qu'aucune des différentes intelligences n'est pire ou meilleure. Dans sa théorie, Gardner fait également référence aux personnalités de notre époque. L'une d'entre elles est Albert Einstein.

Einstein était considéré comme l'un des pires étudiants. Néanmoins, il était intelligent d'une certaine manière et est aujourd'hui considéré comme le physicien théorique le plus important de l'histoire des sciences. Vincent van Gogh, par exemple, était peu doué pour le dessin et n'a pu vendre qu'une seule toile de son vivant. En revanche, ses œuvres se vendent encore aujourd'hui pour des sommes énormes.

Aucun être humain n'est plus intelligent qu'un autre. C'est l'idée de base de la théorie d'Howard Gardner. Les intelligences d'une personne correspondent à sa personnalité ou à ses besoins.

C'est pourquoi Howard Gardner ainsi que d'autres représentants de la théorie des intelligences multiples préconisent depuis des années que les méthodes d'enseignement soient adaptées à la forme d'intelligence individuelle des élèves. Cela permettrait non seulement de réduire le coût de l'éducation, mais aussi d'obtenir des résultats optimaux.

Les intelligences sont des capacités qui peuvent être développées

Selon Gardner, toute intelligence est une capacité qui peut être entraînée. La thèse selon laquelle l'intelligence est innée et immuable a déjà été réfutée. Néanmoins, cette idée fausse a façonné des générations entières. Les personnes handicapées mentales, par exemple, ne recevaient pas d'enseignement car on pensait que l'éducation ne pouvait pas changer l'intelligence.

L'intelligence étant définie comme une capacité, elle peut également être développée en conséquence. Dans son livre, Gardner ne nie pas les composantes génétiques. Cependant, il souligne que le potentiel individuel et génétiquement déterminé d'une personne se développe en fonction de l'environnement, de l'éducation et de l'expérience. Selon Gardner, chaque personne a la possibilité d'augmenter son intelligence.

Selon Gardner, il existe neuf intelligences. Il les tire de son étude des personnes ayant des dons d'insularité, mais aussi de personnalités historiques telles qu'Einstein.

La douance insulaire décrit le phénomène selon lequel les personnes vivant dans de petites sous-régions, c'est-à-dire des îles, ont des performances extraordinaires. Et cela est possible même si ces personnes présentent un handicap ou un trouble du développement.

Les neuf intelligences selon Gardner se divisent en :

- intelligence linguistique
- intelligence logico-mathématique

- intelligence musicale et rythmique
- intelligence visuo-spatiale
- intelligence naturaliste
- l'intelligence interpersonnelle (intelligence sociale)
- intelligence intrapersonnelle
- l'intelligence physique
- intelligence spirituelle

Intelligence linguistique

Grâce à une intelligence fortement développée dans ce domaine, les bonnes compétences rhétoriques sont favorisées. En outre, les personnes dotées d'une intelligence linguistique ont le don de me re leurs propres pensées dans les mots appropriés.

De ce e façon, ils peuvent communiquer leur point de vue sans provoquer de malentendus. Les orateurs ou les auteurs en particulier ont une intelligence linguistique, tout comme les dirigeants. Ce sont surtout ces derniers qui peuvent fixer des objectifs clairs à leurs employés et les motiver de manière appropriée.

L'intelligence linguistique permet de comprendre les mots parlés et écrits ainsi que leur signification et aussi les contextes. En outre, de nouvelles langues peuvent également être apprises plus facilement de ce e manière. Ce e intelligence permet également de bien utiliser le langage à certaines fins. Les personnes ayant une intelligence linguistique prononcée aiment lire, raconter des histoires ou résoudre des mots croisés.

Intelligence logico-mathématique

L'intelligence logico-mathématique se caractérise notamment par un bon maniement des chiffres, une rapidité de saisie, et le talent associé pour saisir les relations logiques. Les personnes dotées de ce· e forme d'intelligence peuvent formuler des hypothèses et tester leur véracité.

En particulier dans les professions mathématiques, ce e intelligence joue un rôle crucial. Elle permet de reconnaître les problèmes, de les analyser logiquement et de les résoudre. Grâce à l'intelligence logico-mathématique, il est possible d'étudier et de tester des questions scientifiques. Dans le même temps, il est possible de reconnaître des modèles et de développer des stratégies.

Intelligence musicale et rythmique

Selon Howard Gardner, le sens de la musique, du timbre, du rythme et des tonalités est aussi une intelligence. C'est ce que l'on appelle l'intelligence musicale et rythmique. Les personnes qui possèdent cette forme d'intelligence peuvent jouer d'un instrument et mémoriser des mélodies plus facilement. C'est pourquoi les musiciens, en particulier, possèdent une intelligence musicale et rythmique.

Cette forme d'intelligence permet également de comprendre les principes musicaux et de reconnaître les rythmes, les tons, les hauteurs et les humeurs de la musique. Les compositeurs et aussi les danseurs ont cette forme d'intelligence.

On peut observer que les enfants qui ont une intelligence musicale et rythmique fortement développée à un jeune âge chantent très souvent ou font de la musique sur des tambours invisibles. Selon Gardner, l'intelligence musicale et rythmique est souvent combinée à l'intelligence logique et mathématique.

Intelligence visuo-spatiale

L'intelligence spatiale se retrouve très souvent dans la vie de tous les jours - par exemple pour se garer. Les personnes dotées d'une intelligence visuo-spatiale peuvent imaginer et comprendre leur environnement en trois dimensions. Ainsi, certaines personnes trouvent le stationnement plus facile que d'autres.

Par exemple, ils peuvent aussi imaginer et manipuler mentalement des images. En outre, les grands espaces peuvent être compris et appréhendés grâce à cette intelligence. Même des champs spatiaux étroitement définis peuvent être saisis. Les enfants dotés d'une intelligence visuo-spatiale s'enthousiasment dès leur plus jeune âge pour les puzzles, les labyrinthes ou le dessin.

Intelligence naturaliste

On peut aussi décrire ce e forme d'intelligence par la main verte. Les personnes dotées d'une intelligence naturaliste sont non seulement en harmonie avec la nature, mais entretiennent également de très bonnes relations avec les animaux et les plantes. Ainsi, les personnes dotées d'une intelligence naturaliste sont principalement des jardiniers ou même des vétérinaires.

Ces personnes observent, distinguent et reconnaissent la sensibilité aux phénomènes naturels. Cette forme d'intelligence se manifeste souvent dès le plus jeune âge. Les enfants sont très proches de la nature, collectent divers insectes et peuvent nommer très précisément les animaux, ainsi que les plantes.

Intelligence interpersonnelle (intelligence sociale)

L'empathie joue un rôle décisif dans cette forme d'intelligence. Selon Gardner, le point central de l'intelligence interpersonnelle est précisément la perception des autres personnes. Il est possible de reconnaître ce que ressent l'interlocuteur et les objectifs qu'il poursuit.

Cette intelligence est particulièrement pertinente dans les négociations. Les personnes dotées d'une intelligence interpersonnelle peuvent donc évaluer et comprendre leur homologue. De cette façon, les mots non exprimés sont entendus. Toutefois, il est beaucoup plus important de pouvoir faire preuve d'empathie à l'égard des besoins, des sentiments et des intentions des autres. Les personnes dotées d'une intelligence interpersonnelle peuvent communiquer à la fois sur le plan verbal et non verbal et influencer l'humeur des autres.

Ils sont capables d'assumer d'autres rôles. Dès leur plus jeune âge, les personnes dotées d'une intelligence interpersonnelle prennent la tête de leur cercle d'amis, car elles peuvent aussi se mettre à la place des autres.

Bien que l'empathie soit l'une des compétences humaines les plus importantes, il existe encore beaucoup d'idées fausses et d'hypothèses erronées dans ce domaine. Abordons-les brièvement.

Les 5 erreurs les plus courantes en matière d'empathie

Dans le domaine de l'empathie, il existe de nombreuses erreurs qui peuvent avoir un impact négatif.

Erreur numéro un : avoir trop d'empathie

Les personnes très empathiques pensent souvent qu'elles ont trop d'empathie. Par conséquent, ces personnes sont aussi très souvent influencées par les sentiments des autres. Par exemple, si une personne de l'entourage de cette personne très empathique est en colère, elle veut la calmer et intervenir en même temps.

Les empathiques veulent apporter un soutien émotionnel aux personnes tristes, sans se rendre compte qu'ils s'impliquent trop dans leurs sentiments. Dans la plupart des cas, les sentiments pris en charge sont si intenses que la personne empathique ne peut plus distinguer s'il s'agit de ses propres sentiments ou de ceux de quelqu'un d'autre.

De nombreuses personnes qui ont trop d'empathie souhaitent parfois en avoir moins. Cependant, le problème n'est pas d'avoir trop d'empathie, mais le manque de compétence pour gérer sa propre empathie élevée. Les personnes qui font preuve d'une grande empathie doivent apprendre à distinguer les émotions qui viennent des autres et celles qui viennent d'elles-mêmes.

En outre, les personnes très empathiques doivent apprendre que chacun doit résoudre ses propres problèmes. Ils ne doivent pas se sentir responsables des autres. Les émotions des autres personnes doivent être perçues, mais leur propre comportement ne doit pas être dirigé vers elles.

Deuxième erreur : manque d'empathie envers soi-même

Le manque d'auto-empathie conduit au fait que nous ne savons pas ce que nous voulons. En outre, nous ne pouvons pas non plus dire exactement pourquoi nous nous sentons bien ou mal. Les personnes qui manquent d'empathie envers elles-mêmes ne peuvent pas non plus distinguer si les émotions sont nées d'elles-mêmes ou si les sentiments des autres ont été repris.

Un déficit important dans le domaine de l'auto-empathie peut également conduire au fait que ses propres sentiments ne peuvent pas être perçus du tout et ne peuvent pas non plus être nommés concrètement.

Les raisons de cette situation peuvent être variées. Dans certaines circonstances, les émotions sont perçues comme quelque chose de négatif, ou les personnes concernées ne peuvent tout simplement pas faire grand-chose avec les sentiments parce qu'elles sont fortement orientées vers les faits. L'orientation accrue vers les autres peut également conduire à ne pas accorder l'importance voulue à ses propres sentiments.

Troisième erreur : considérer que l'empathie s'apprend

Tout être humain, mais aussi de nombreux autres êtres vivants, possède de l'empathie. Pour cette raison, on peut également dire que l'empathie est innée. Cependant, l'empathie diffère d'une personne à l'autre, car chaque personne vient au monde avec des conditions préalables différentes. La génétique et l'éducation déterminent le degré d'empathie d'une personne. Par exemple, les personnes atteintes de troubles psychologiques, comme l'autisme, peuvent avoir un type d'empathie complètement différent.

Même si l'empathie est innée, elle peut être augmentée par chaque personne individuellement. Ainsi, chacun a la possibilité de devenir plus empathique. Certaines méthodes d'entraînement à l'empathie ont déjà été prouvées scientifiquement.

L'empathie ne s'apprend pas, car après tout, elle est déjà présente dans chaque être humain. Cependant, les capacités empathiques d'une personne peuvent être développées et étendues, indépendamment de la génétique et de l'environnement.

Quatrième erreur: utiliser l'empathie comme une accusation

Souvent, les gens utilisent l'empathie comme une accusation au lieu d'agir eux-mêmes avec empathie. Cette erreur est également souvent commise par les personnes dotées d'une grande empathie qui ont également un esprit social. Cependant, ces empathies ignorent le fait que leur homologue est différent. Certaines personnes ont une empathie si faible qu'elles peuvent rarement interpréter correctement les signaux humains. Pour éviter cette erreur, il faut accepter qu'il existe aussi des personnes moins empathiques.

Dans ce cas, vous n'êtes pas obligé de tout supporter, mais vous devez garder à l'esprit qu'il existe une autre réalité que la vôtre. Il ne sert à rien de répéter sans cesse aux autres qu'ils devraient avoir plus d'empathie.

Il s'agit plutôt d'utiliser sa propre empathie pour communiquer avec son interlocuteur de manière à répondre à ses besoins. Dans ce contexte, il peut parfois être nécessaire de supporter des conflits. En outre, il convient d'éviter les allusions subtiles et de privilégier une communication directe et honnête.

Erreur numéro cinq : Dénigrer l'empathie

Les personnes qui entendent le mot "**empathie**" pensent avant tout à l'indulgence et à la compréhension. Par conséquent, l'empathie est considérée comme un signe de faiblesse par les personnes qui ont tendance à se décrire comme étant assertives, terre-à-terre et orientées vers un but précis. Pourtant, l'empathie est bien plus que le réconfort, l'écoute ou la compréhension.

L'empathie est également cruciale pour réussir à négocier ou à gérer des employés. L'empathie ne signifie pas que quelqu'un est faible. Cela signifie beaucoup plus que l'on sache ce qui se passe chez les autres et quels sont les souhaits et les besoins de cette personne.

Grâce à l'empathie, nous pouvons établir des relations avec les autres plus facilement et mieux. Elle nous donne une compréhension plus profonde et nous permet de répondre aux humeurs et aux désirs en même temps. L'empathie nous permet également d'éviter les conflits inutiles. Ainsi, les personnes empathiques ne cèdent pas automatiquement, mais en savent simplement plus sur les autres.

Intelligence intrapersonnelle

Avec cette intelligence, les sentiments, les rêves et les peurs de chacun jouent un rôle important. Les personnes dotées de cette intelligence peuvent non seulement percevoir les facteurs ci-dessus, mais aussi les traiter correctement. L'intelligence intrapersonnelle est très utile dans de nombreux domaines de la vie.

Ces personnes peuvent se comprendre et aussi influencer. Ainsi, leur propre personnalité est bien évaluée et il est possible de réagir aux demandes du monde extérieur en fonction de celle-ci. Cela permet aux personnes dotées d'une intelligence intrapersonnelle de prendre les bonnes décisions et, en même temps, de se calmer ou de se motiver. Les personnes dotées d'une intelligence intrapersonnelle sont très timides dès leur plus jeune âge.

Intelligence physique

L'intelligence physique se caractérise par une bonne coordination entre le corps et l'esprit. Par conséquent, le contrôle de son propre mouvement est au centre de cette forme d'intelligence. Les peintres, les danseurs ou même les acteurs, entre autres, ont l'intelligence physique. Les personnes physiquement intelligentes ont une relation forte avec leur propre corps et les choses physiques. En conséquence, ils peuvent également travailler avec elle et ils disposent d'un timing qui permet de mettre le corps et l'esprit en harmonie.

Intelligence spirituelle

Les personnes spirituellement intelligentes traitent des questions existentielles. Il s'agit d'un niveau très profond de la neuvième intelligence selon Gardner. Les personnes dotées d'une intelligence spirituelle sont réceptives à tout ce qui traite des questions plus profondes de l'existence humaine et du sens de la vie.

L'art du succès : de quelle "intelligence" dépend-il?

Il n'est pas si facile de répondre à cette question, car chaque personne est bonne dans au moins un ou plusieurs domaines et possède le potentiel correspondant. Il est tout à fait naturel que nous soyons moins bons dans certains domaines ou que ceux-ci ne soient tout simplement pas notre tasse de thé. Mais cela ne signifie pas que nous sommes moins intelligents que les personnes qui excellent dans ce domaine particulier.

Malheureusement, nous sommes entraînés dès notre plus jeune âge à donner le meilleur de nous-mêmes. Déjà à l'école, des tests d'intelligence ont lieu et les notes de l'école ainsi que le classement des élèves créent une pression pour être performant. Dans ce processus, les élèves sont évalués par la plupart des enseignants sur la base des notes scolaires en termes d'intelligence.

Cependant, les tests d'intelligence ne s'arrêtent pas à la fin de la scolarité. Même dans le cadre de la formation et des études, l'intelligence des diplômés est testée encore et encore par des examens et des tests appropriés. Aujourd'hui encore, le système éducatif part du principe que la réussite dans la vie dépend toujours de l'intelligence. Ainsi, si vous n'êtes pas assez intelligent, vous ne réussirez pas dans la vie - c'est du moins ce que l'on suppose.

Mais est-ce vraiment le cas ? Les personnes ayant un quotient intellectuel élevé sont-elles les seules à pouvoir réussir ? Si la société suit son cours, c'est certainement le cas. Il y a toujours des élèves qui n'ont même pas la moyenne et qui, par conséquent, quittent l'école plus tôt. Ces étudiants sont ouvertement privés de la possibilité de contribuer à l'amélioration de la société.

En règle générale, ils n'ont pas la possibilité de faire quelque chose de significatif de leur vie - simplement à cause de leur mauvaise moyenne. La voie de la criminalité ou même des activités destructrices est la seule option pour ces étudiants. En définitive, l'école et peut-être aussi les parents leur ont donné le sentiment qu'ils sont voués à l'échec.

D'autre part, il existe également de nombreuses personnes intellectuellement douées qui pensent qu'elles sont nées pour réussir en raison de leur haut niveau intellectuel. Souvent, ces personnes supposent à tort que rien d'autre ne peut leur arriver dans la vie que le succès.

Le succès n'est pas déterminé par l'intellect

Si la réussite dépend aujourd'hui réellement de l'intelligence innée et de son importance dans la vie, c'est ce que des chercheurs en intelligence ont découvert dans une étude étonnante. Cette étude a été menée auprès d'enfants de 4 ans. Les chercheurs ont voulu savoir si les succès ou les échecs des enfants sont déjà visibles à ces jeunes âges.

Chaque enfant a été conduit individuellement dans une pièce et on lui a dit : "Je vais te donner un biscuit en chocolat ici. Si tu veux, tu peux le manger maintenant. Mais si tu a ends que je revienne, je t'en donnerai un autre. "Les explorateurs ont ensuite quitté la pièce.

Si certains enfants ont immédiatement mangé le biscuit en chocolat, d'autres ont attendu quelques minutes avant de ne pas pouvoir résister non plus. Il n'y avait que quelques enfants qui étaient vraiment déterminés et qui attendaient.

Tout au long de l'expérience, les enfants étaient observés à travers des miroirs cachés. Les chercheurs ont observé que certains des enfants fermaient les yeux ou baissaient la tête, pour ne pas être tenté de manger le biscuit. D'autres encore chantaient ou jouaient à des jeux. Lorsque les chercheurs sont revenus dans la pièce, les enfants qui n'avaient pas mangé leur biscuit en chocolat en ont reçu un deuxième.

Les résultats de cette expérience ont été enregistrés par les chercheurs et, en outre, les progrès des enfants ont été observés à l'âge scolaire. Les chercheurs ont suivi les enfants jusqu'à l'âge de 15 ans. Au cours de cette période, différentes tendances ont émergé.

Les enfants ayant réussi l'expérience, menée à l'âge de quatre ans, étaient devenus au fil du temps des adolescents adaptables, populaires, responsables et confiants.

Les enfants qui ont mangé le biscuit au chocolat relativement rapidement, étaient impatients, têtus et obstinés. Dans ce cas, les chercheurs ont également parlé d'intelligence émotionnelle. Selon ce principe, notre caractère a plus d'influence sur notre réussite dans la vie que notre intellect. La plupart des experts en la matière s'accordent également à dire que notre quotient intellectuel ne représente que 20 % de notre réussite dans la vie.

Grâce à ces résultats de recherche, il est clairement démontré que l'hypothèse selon laquelle l'intelligence est essentielle pour réussir n'est plus correcte. Le succès ou l'échec d'une personne n'est pas déterminé par ses capacités intellectuelles - c'est l'avis des experts. Ils vont même jusqu'à dire que l'intelligence unique ne joue qu'un rôle mineur.

Par conséquent, de mauvais résultats scolaires ne sont pas une raison de douter ou de désespérer de sa propre réussite. Il suffit d'évaluer correctement ses propres capacités. Il ne s'agit pas seulement d'obtenir d'excellents résultats scolaires pour réussir dans la vie. Il est beaucoup plus important de développer des traits de caractère axés sur la diligence, l'autodiscipline et la persévérance. Des traits qui n'ont rien à voir avec l'intelligence réelle sont plus cruciaux pour le succès.

Ainsi, ceux qui n'ont pas un quotient intellectuel élevé ont quand même les mêmes chances qu'un universitaire. Le succès ne dépend donc pas du quotient intellectuel, mais plutôt de bonnes habitudes de vie et de travail, d'un apprentissage ciblé et d'un travail acharné.

Il convient de noter que les habitudes et les attitudes mentales qui se manifestent dès le plus jeune âge sont déterminantes pour notre réussite ou nos échecs. Au lieu de se concentrer sur les meilleures notes, les parents et les enseignants devraient aider leurs enfants et leurs élèves à développer leur confiance en eux, leur maîtrise de soi et leur discipline.

Avant de nous pencher sur votre intelligence émotionnelle dans le prochain chapitre, examinons brièvement les différents mythes qui entourent l'intelligence.

Mythes et faits concernant l'intelligence

L'intelligence est associée à un certain nombre de mythes qui persistent. Cette dangereuse demi-connaissance nous conduit à considérer l'intelligence comme ce qu'elle n'est pas du tout. Voici donc les mythes les plus importants et les plus connus concernant l'intelligence.

Mythe n° 1 : l'intelligence est le facteur le plus important pour réussir !

Ce mythe est faux ! L'intelligence n'est pas le seul facteur qui détermine la réussite d'une personne. Une personne intelligente peut avoir un quotient intellectuel élevé, mais elle ne réussira pas si elle ne possède pas d'autres facteurs importants, comme l'empathie. Par conséquent, les personnes intelligentes ne réussissent pas mieux que les autres. C'est plutôt un mélange d'assertivité, de charisme, d'intelligence et de nombreux autres facteurs qui garantit le succès. Et bien sûr, l'intelligence émotionnelle n'est pas à dédaigner lorsqu'il s'agit de réussir.

Mythe n° 2 : les personnes pleines d'humour sont plus intelligentes !

Il a été prouvé que l'humour est un signe important d'intelligence. Par conséquent, ce mythe est vrai ! Selon les chercheurs, l'humour est un indicateur fort d'une intelligence élevée.

Mythe n° 3 : l'intelligence s'améliore avec l'âge !

Dans le langage courant, on dit toujours qu'avec l'âge on devient plus sage, mais cela n'a aucun effet sur l'intelligence. Par conséquent, ce mythe est faux ! Notre mémoire évolue tout au long de notre vie et est encore capable d'apprendre même à un âge avancé. Cependant, les tâches qui exigent une certaine rapidité ne peuvent plus être appréhendées par le cerveau de la même manière que dans les jeunes années. Il y a une nette diminution des performances du cerveau.

Mythe n°4 : la séduction et l'intelligence vont de pair !

On continue de penser que les personnes séduisantes sont plus intelligentes. Mais c'est faux ! Bien que l'intelligence ait un effet correspondant en termes d'attractivité, on ne peut pas en déduire l'intelligence d'une personne. Il est donc faux de penser que les personnes séduisantes sont aussi plus intelligentes.

Mythe n°5 : l'intelligence dépend toujours des gènes !

Tout d'abord, le quotient intellectuel est déterminé génétiquement, mais l'environnement a également une influence décisive sur celui-ci. Pour cette raison, ce mythe n'est que partiellement vrai. Selon des études menées par l'Institut Max Planck pour le développement humain, une personne ne peut développer son potentiel génétique d'intelligence que si l'environnement le permet également. Des facteurs tels que la négligence, les abus ou même le stress ont un effet négatif sur les performances cognitives.

Mythe n°6 : le chaos est un signe d'intelligence !

Les personnes chaotiques, c'est-à-dire celles qui ont tendance au chaos, sont plus intelligentes. Ainsi, ce mythe est vrai ! Cela s'explique par le fait que ces personnes ont des intérêts différents et sont aussi en partie très créatives. C'est l'expression simultanée de ces deux domaines qui crée le chaos.

Mythe n° 7 : le sport rend plus intelligent !

Un entraînement physique d'endurance régulier augmente le flux sanguin vers le cerveau. De cette façon, de nouveaux vaisseaux sanguins peuvent se former et des connexions nerveuses peuvent se développer. Cela rend le cerveau plus efficace. L'entraînement à l'endurance est donc bénéfique pour l'attention et la capacité de réflexion. Par conséquent, ce mythe est vrai !

Vous avez maintenant découvert les différents types d'intelligence et peut-être aussi trouvé l'un ou l'autre en vous. Chaque personne est unique à sa manière et possède une intelligence qui lui correspond. Il est tout aussi absurde de cataloguer les gens sur la base de leur QI que de dire qu'ils n'ont qu'une seule intelligence. La réussite d'une personne ne dépend pas de son score de QI, mais est également déterminée par la façon dont son propre type d'intelligence est nourri.

Dans le chapitre suivant, partez à la découverte de votre intelligence émotionnelle personnelle.

Chapitre 3: Découvrez votre intelligence émotionnelle dès aujourd'hui !

Le succès dans la vie ne dépend pas nécessairement du quotient intellectuel. C'est plutôt l'intelligence émotionnelle qui détermine si nous réussissons ou non. L'intelligence émotionnelle est une combinaison de deux types d'intelligence.

Vous avez pu lire dans le chapitre précédent que, selon Howard Gardner, on distingue neuf types d'intelligence. D'une part, il s'agit de la communication interne, et d'autre part, il s'agit de la communication externe.

Les personnes émotionnellement intelligentes passent par six étapes différentes. Ils sont répartis comme suit :

Première étape : prise de conscience de ses propres sentiments

La perception de ses propres sentiments dépend de la dominance respective de notre hémisphère cérébral. Les personnes ayant une forte dominance de l'hémisphère gauche du cerveau ont plus de difficultés à percevoir leurs propres sentiments que les personnes dont l'hémisphère droit du cerveau est plus dominant.

Le secret pour être plus conscient de ses propres sentiments

La plupart des gens classent les sentiments en deux catégories : "bons" et "mauvais". Cependant, cette catégorisation est préjudiciable à l'ensemble de la vie. Il est préférable de ne pas évaluer les sentiments. Car ceux-ci ne sont ni bons ni mauvais. Il existe bien sûr des sentiments agréables - ainsi que des sentiments désagréables, mais pas de bon ou de mauvais. Fondamentalement, tous les sentiments ont une raison spécifique et ils veulent nous dire quelque chose, parfois de façon désagréable.

Les sentiments ont le net avantage de toujours nous mener à nous-mêmes. Ils nous disent quelque chose sur nous-mêmes et nous montrent en même temps ce que nous voulons ou ce dont nous avons besoin au fond de nous. Les sentiments sont des compagnons pratiques avec l'aide desquels nous pouvons nous retrouver et revenir en harmonie avec nous-mêmes. Par conséquent, nous devrions également considérer tous les sentiments que nous portons en nous comme des amis qui ne demandent qu'à nous aider.

Ainsi, après avoir reconnu nos sentiments en tant qu'amis, l'étape suivante consiste à accepter ces sentiments en tant que tels. Nous devons donc commencer à être capables d'accepter nos émotions, même si elles sont désagréables.

Afin de maîtriser la première étape de l'intelligence émotionnelle, nous devons donner à nos sentiments le droit d'exister et leur permettre d'être présents.

Deuxième étape : faire l'expérience de ses propres sentiments

Cette étape consiste principalement à éprouver et à ressentir les sentiments. Les personnes qui essaient en permanence d'éviter les sentiments auront du mal à franchir cette étape. La deuxième étape consiste à percevoir les sentiments au moment de l'expérience.

L'intelligence émotionnelle consiste à comprendre ses propres sentiments.

L'expérience de nos propres sentiments peut être améliorée en comprenant pourquoi et ce que nous ressentons. Chaque sentiment a un message correspondant pour nous. Ce message nous renseigne à son tour sur nous-mêmes. Nous devons donc apprendre à comprendre le message et à ne pas supprimer le sentiment.

En supprimant les sentiments, on n'élimine qu'un symptôme, qui finit néanmoins par revenir dans notre conscience. Ce n'est que lorsque nous aurons compris le message que le sentiment changera ou disparaîtra également.

Ainsi, afin de pouvoir réaliser la deuxième étape, vous devez toujours vous demander pourquoi vous ressentez ce que vous ressentez. Par exemple, êtes-vous en colère parce que vous avez été déçu ? Ou bien vous sentez-vous déprimé parce que vous vous sentez inutile ? Peut-être le sentiment d'irritabilité s'est-il emparé de vous parce que vous êtes débordé ?

Troisième étape : faire face à ses propres sentiments

La gestion des sentiments négatifs, en particulier, peut être très difficile. Dans ce cas, c'est surtout le fait de supporter les frustrations qui joue un rôle crucial. L'attente ainsi que la réduction des faiblesses, ou la gestion de la colère, de la rage, de la jalousie et de la rage, en font partie. Mais la gestion des sentiments comprend également des stratégies qui nous aident à développer plus de confiance et d'optimisme dans la vie.

Parfait la façon dont tu gères tes sentiments !

De nombreuses personnes ont de grandes difficultés à gérer correctement leurs propres sentiments. Les insécurités et les peurs, en particulier, jouent ici un rôle décisif. Toutefois, pour réussir la troisième étape de l'intelligence émotionnelle, vous devez être capable de traiter les messages ainsi que les sentiments eux-mêmes.

Avant tout, vous devez essayer de vous donner ce dont vous avez besoin à ce moment- là. Par conséquent, si vous vous sentez seul et que vous souhaitez avoir de la compagnie, vous devriez également le faire. En même temps, vous devez essayer de résoudre la cause de ce sentiment. Essayez donc de trouver la pensée originale et travaillez à la résoudre. De cette façon, vous pouvez rendre ce sentiment moins intense à l'avenir.

Dans ce contexte, essayez également de prêter a ention à votre paix et à votre équilibre intérieur. Dans ce cas, vous avez toujours le choix entre deux chemins - un facile et un plus difficile. La solution de facilité consiste à supprimer ce sentiment. De ce e façon, vous ne la percevez pas, vous ne faites que la réprimer. D'un autre côté, si vous êtes également confronté28 à des sentiments désagréables, vous choisissez la voie la plus difficile, mais à la fin, elle mène également à une certaine libération.

Quatrième étape : les contacts avec les autres

Le quatrième niveau d'intelligence émotionnelle concerne l'empathie dans les relations avec les autres. Les processus émotionnels des autres personnes sont ainsi reconnus et compris. Les personnes dotées d'une intelligence émotionnelle signalent à leur homologue, par un comportement approprié et des réactions empathiques, qu'elles le comprennent. Cela s'applique à la communication non verbale ainsi qu'à l'écoute active.

Mieux comprendre les autres en quelques étapes seulement

Afin d'améliorer les contacts avec les autres et de renforcer ainsi votre propre intelligence émotionnelle, vous devriez vous concentrer sur les émotions de vos interlocuteurs. Avant toute chose, il est important de pouvoir faire la distinction entre les six émotions de base. Ils sont divisés en deux catégories : Colère, peur, dégoût, joie, surprise et tristesse.

Comme la plupart des gens, comme nous l'avons déjà mentionné, divisent les sentiments en catégories, les émotions de base mentionnées produisent des actions et des comportements différents. Ainsi, la joie ou la surprise entraînent une réduction du niveau de stress et améliorent automatiquement l'humeur. La colère ou la peur, en revanche, augmentent le stress.

En outre, vous devez prêter attention aux yeux et à la bouche de votre homologue. De nombreuses personnes expriment leurs émotions avec leurs yeux ou leur bouche. En principe, il est conseillé de considérer l'ensemble du visage pour interpréter les sentiments. Pour ce faire, il est nécessaire d'avoir une certaine distance avec l'interlocuteur afin de voir l'ensemble du visage, tout en étant capable d'avoir une conversation normale. Une distance de 50 à 120 cm est recommandée.

En plus de reconnaître l'émotion de l'autre personne, il peut également être utile de prêter attention au ton de la voix. Avec l'expression du visage, le ton de la voix est une autre caractéristique importante pour exprimer les émotions. Cependant, la voix n'est pas seulement utilisée pour montrer les émotions, mais aussi pour les contrôler.

Une voix forte ou bourrue peut exprimer la colère, l'hostilité mais aussi la confiance en soi et l'intérêt. Un ton de voix doux, en revanche, met l'accent sur des émotions telles que : Contentement, intimité, relaxation, tristesse ou ennui. D'une voix douce ou même haletante, des émotions telles que : La peur, la nervosité ou même la timidité jouent un rôle.

Afin de mieux percevoir les sentiments d'autrui, il peut également être utile d'observer le comportement et l'a itude des autres. De ce e façon, vous pouvez savoir, entre autres, si l'autre personne incarne une atmosphère amicale. Vous devez donc vous concentrer principalement sur l'a ention à porter aux réactions de votre interlocuteur.

Il a été prouvé que nous adaptons nos expressions faciales, notre comportement et aussi le ton de notre voix aux émotions des autres. Cela conduit à son tour au fait que nous sommes influencés par les émotions des autres. Le sourire en est un très bon exemple : si une personne nous sourit, nous lui rendrons automatiquement son sourire.

Cinquième étape : Exercer une influence émotionnelle

L'influence détermine le niveau suivant de l'intelligence émotionnelle. Toutes les personnes qui sont orientées vers les gens ont la vie plus facile à ce stade. À ce stade, les situations de la vie quotidienne privée et professionnelle sont souvent liées à des objectifs. Il peut s'agir d'établir des contacts, mais aussi d'entretenir des relations, ainsi que de persuader ou de vendre.

L'art de l'influence émotionnelle

Grâce à des astuces habiles, vous pouvez exercer une influence positive sur ceux qui vous entourent. Laissez les conseils suivants vous inspirer un peu.

Donner et prendre

La réciprocité est essentielle aux relations interpersonnelles. Non seulement vous pouvez récolter de nombreux avantages de cette manière, mais la réciprocité est également un lien important et fonctionnel. Grâce au principe du donnant-donnant, vous pouvez influencer d'autres personnes de manière positive.

Par exemple, si vous rendez un petit service à une autre personne, celle-ci peut se sentir obligée de vous rendre un service de valeur.

Utiliser le niveau amical

Les gens qui ont de la sympathie pour nous, nous pouvons rarement refuser une demande ou un souhait. Pour que vous puissiez influencer positivement les gens et en tirer profit, la première chose à faire est de créer une atmosphère positive pour votre interlocuteur. Vous disposez ainsi d'une base parfaite pour exercer une influence positive.

Faites confiance à votre autorité

L'astuce dite de l'expert ou de l'autorité peut également être utilisée pour une influence positive. Les gens peuvent être convaincus par une apparence convaincante et des arguments crédibles. Cette astuce fonctionne même si vous ne revendiquez pas l'autorité ou si vous n'avez pas l'expertise de la situation. Il suffit de bien se "vendre" dans ce cas.

Laissez les sentiments travailler pour vous

Souvent, faire appel aux sentiments d'une personne est un meilleur moyen de l'influencer que de faire appel à la raison. Si vous n'arrivez à rien sur le plan factuel, vous pouvez réessayer sur le plan émotionnel. Dans la plupart des cas, cela fonctionne sans problème.

Influence par une gestion consciente de l'information

Vous n'avez jamais entendu parler de la gestion de l'information ? Si, car la publicité dont nous sommes bombardés chaque jour utilise précisément cette gestion de l'information. Seules des informations sélectionnées sur les produits et services sont annoncées, c'est ainsi que notre comportement d'achat est contrôlé.

En soulignant ou en ome ant délibérément des informations pertinentes, les gens peuvent être influencés de manière positive. Toutefois, vous devez réfléchir soigneusement aux informations que vous partagez et à celles que vous cachez. La frontière entre mensonges et demi-vérités est très mince ici.

Sixième étape : établir des relations à long terme

Le dernier et également le plus haut niveau d'intelligence émotionnelle concerne la formation de relations à long terme. Pour y parvenir, diverses conditions de réussite doivent être réunies. Il s'agit, par exemple, de la sécurité, de la fiabilité, de la satisfaction mutuelle des besoins, de la liberté, ainsi que des plans et décisions communs.

Trois étapes efficaces pour établir des relations à long terme

Outre l'intelligence émotionnelle, trois autres facteurs importants influencent notre capacité à établir des relations durables avec d'autres personnes. Il ne s'agit pas nécessairement de partenariats ; des amitiés ou des relations professionnelles peuvent également être cultivées de cette manière.

Première étape : une communication efficace

Pour établir et maintenir des relations à long terme, une communication efficace est essentielle. Cela inclut l'écoute active. L'écoute active consiste à se préparer à ce que votre interlocuteur a à dire. En outre, vous devez également adopter une posture appropriée.

Vous vous tournez vers votre interlocuteur et le regardez dans les yeux. Vous pouvez hocher la tête si vous êtes d'accord avec ce que dit votre interlocuteur. Vous pouvez également hocher la tête pour indiquer que vous écoutez attentivement.

Tout en écoutant, vous devez également prêter attention aux signes non verbaux. Essayez de voir si ce qui est dit correspond au langage corporel et aux signes non verbaux. Les signes de tension ou de frustration, tels que les bras croisés ou les expressions faciales tendues, doivent être un signal d'alarme pour vous.

Pendant la communication, vous devez prêter attention à une voix douce et chaleureuse en vous. Par la voix douce, vous signalez la compassion et la compréhension. Une voix forte et agressive produit toujours le contraire.

Dans toute conversation, vous devez faire preuve du respect nécessaire. Gardez toujours à l'esprit que vous ne pouvez pas revenir sur ce que vous avez dit. Les mots peuvent être très blessants !

Deuxième étape : surmonter conflits et crises

Une bonne communication se caractérise par le dépassement des conflits et des crises. C'est pourquoi il faut toujours s'attaquer directement aux problèmes au lieu de les laisser s'amplifier.

Cela implique également qu'il y ait une volonté de compromis. Il convient de faire une distinction entre les questions qui ne doivent pas nécessairement être abordées et celles qui doivent l'être.

En principe, les problèmes devraient aussi toujours être traités ensemble. Là encore, cela s'applique à tout type de relations interpersonnelles. Une communication honnête et le fait de travailler ensemble sur les problèmes créent un échange constant. De cette façon, vous pouvez aussi apprendre les uns des autres au lieu de vous gêner mutuellement. Il faut veiller à utiliser des phrases telles que : ***"Nous pouvons le faire ensemble"*** ou ***"Trouvons une solution ensemble".***

Troisième étape : maintenir une base solide

Chaque relation doit également être entretenue en conséquence. L'attention et le respect ne doivent donc jamais être négligés, ce qui inclut également une communication honnête. De cette façon, la confiance peut toujours continuer à se développer.

Ainsi, les six étapes de l'intelligence émotionnelle doivent toutes être franchies pour pouvoir en bénéficier par la suite. Mais voyons maintenant quelles sont les compétences nécessaires à ce type d'intelligence.

Compétences: Une condition préalable essentielle à l'intelligence émotionnelle

Selon Daniel Goleman, l'intelligence émotionnelle se divise en quatre sous-domaines, qui sont eux-mêmes relativement indépendants les uns des autres. Cela signifie qu'une intelligence émotionnelle existante dans l'un des domaines ne signifie pas simultanément qu'elle est également présente dans les autres domaines. Cependant, Daniel Goleman souligne à plusieurs reprises que les capacités mentionnées ci-dessous, et donc aussi

l'intelligence émotionnelle, peuvent être apprises individuellement. Goleman a basé sa différenciation des sous-domaines sur le schéma de Peter Salovey. Selon ce principe, les sous- zones sont subdivisées comme suit :

- Conscience de soi
- Sensibilisation sociale
- Autogestion
- Gestion des relations

Conscience de soi

La conscience de soi, selon Daniel Goleman, est la pierre angulaire de toute forme d'intelligence émotionnelle. Il utilise également le mot "pleine conscience" en relation avec la vie émotionnelle. Grâce à cette conscience de soi, chaque personne a la compétence de pouvoir réfléchir à ses sentiments. Avec l'aide de la conscience de soi, les sentiments peuvent non seulement être reconnus, mais aussi contrôlés. Cela signifie que les gens ne se laissent pas emporter par leurs sentiments.

4 précieux conseils pour améliorer votre conscience de soi

Vous pouvez optimiser votre perception de vous-même grâce à des méthodes très simples.

Conseil 1 : utilisez des techniques de relaxation

Les techniques de relaxation sont un excellent moyen de gérer ses propres pensées et sentiments et d'y faire face. Il existe aujourd'hui de nombreuses techniques et méthodes de relaxation différentes. Les exercices respiratoires sont particulièrement adaptés aux débutants, la méthode 4-8-4 s'est avérée particulièrement efficace dans ce cas.

Pour ce faire, prenez lentement une grande inspiration et comptez jusqu'à quatre. Puis retenez votre souffle pendant huit secondes et expirez à nouveau. Lorsque vous expirez, n'oubliez pas de compter jusqu'à quatre. Vous devez répéter cet exercice plusieurs fois de suite. La respiration consciente améliorera également votre conscience de vous-même. Cependant, cela nécessite que vous fassiez cet exercice plusieurs fois par semaine.

Deux autres options d'exercices de respiration sont la respiration abdominale et la respiration alternée.

Respiration ventrale

La respiration abdominale est excellente pour la vie quotidienne. Il peut être utilisé pour l'agitation ou la nervosité ainsi que pour les sentiments de déséquilibre.

Pour ce faire, vous devez inspirer de manière à ce que le ventre sorte. Quand tu expires, le ventre rentre à l'intérieur. Vous pouvez également mettre vos mains sur votre ventre afin de sentir les mouvements. Vous devez essayer d'inspirer et d'expirer le plus longtemps possible, idéalement trois à quatre secondes.

Respiration alternée

La respiration alternée est également un bon moyen d'améliorer votre équilibre intérieur et votre concentration. Pour pratiquer cet exercice de respiration, vous devez vous mettre dans une position confortable et fermer les yeux.

Maintenant, levez votre main droite et fermez la narine droite avec votre pouce droit. Vous inspirez par la narine gauche pendant quatre secondes. Assurez-vous que l'abdomen va vers l'avant lorsque vous inspirez.

Fermez maintenant les deux narines avec votre pouce et votre annulaire et retenez votre respiration pendant quatre secondes. Puis ouvrez la narine droite et expirez pendant huit secondes.

Fermez ensuite la narine gauche et inspirez par la droite pendant quatre secondes.

Une fois encore, les deux narines sont fermées et l'air est retenu pendant quatre secondes.

Puis ouvrez la narine gauche et expirez pendant huit secondes. Puis recommencez depuis le début. Il est recommandé de faire cet exercice de respiration pendant trois à cinq tours.

Conseil 2 : prenez suffisamment de temps pour vous

La perception de soi qui fonctionne bien ne s'acquiert pas du jour au lendemain. Fondamentalement, la conscience de soi doit être comprise comme un processus qui dure et qui doit également être mis à jour régulièrement. Au fil du temps, beaucoup de choses vont changer en conséquence. Cependant, vous remarquerez la plupart des changements en vous- même. Fondamentalement, les changements doivent également se refléter dans la perception que vous avez de vous-même. Vous pouvez améliorer votre perception de vous-même en prenant régulièrement du temps pour vous.

Vous devriez en faire une véritable habitude. Au début, cela peut être un peu difficile, car notre vie quotidienne est remplie de beaucoup de stress et peu de temps, pourtant vous devriez prendre du temps pour vous. Réfléchissez à votre propre situation, à votre vie et à vous-même. Vous apprendrez ainsi beaucoup de choses sur vous-même et vous pourrez également prendre de la distance par rapport au stress ou à d'autres situations désagréables.

Conseil n° 3 : bougez !

L'exercice ou le sport ne sont pas seulement bénéfiques pour notre santé, mais aussi pour la perception que nous avons de nous-mêmes. Grâce aux sports d'endurance, vous pouvez réduire le stress et, en même temps, obtenir plus de satisfaction. En outre, une plus grande quantité d'énergie positive est libérée. L'exercice et le sport vous donnent également l'occasion de vous écouter. De cette façon, nous pouvons faire abstraction des autres pensées et nous concentrer sur les choses vraiment importantes. Si vous bougez régulièrement, vous pouvez mieux comprendre vos propres sentiments.

Conseil n° 4 : prenez vos propres décisions

Ceux qui prennent leurs propres décisions et leur font confiance améliorent en même temps leur perception d'eux-mêmes. Il n'est pas rare que nos actions suivent un certain schéma. Ceci est basé sur la croyance que cette certaine réaction est attendue de nous. Cependant, lorsque nous agissons de la sorte, nous nous déguisons et confondons l'image que nous avons de nous-mêmes.

Par conséquent, il est préférable d'écouter son intuition. Alors faites les choses de la manière qui vous convient le mieux. Mais si cela n'est pas possible parce que vous devez faire un compromis, gardez tout de même à l'esprit comment vous auriez réagi. Vous pourrez ainsi découvrir ce qui compte pour vous.

Développer la conscience sociale - Voici comment

La conscience sociale comprend également l'empathie et la conscience organisationnelle. Ce domaine consiste donc principalement à percevoir, comprendre et réagir de manière appropriée aux sentiments des autres. En même temps, ce domaine de l'intelligence émotionnelle concerne également notre capacité d'organisation, avec laquelle nous pouvons "me re de l'ordre dans notre vie " ou non.

Pas à pas vers une meilleure conscience sociale

N'enviez pas la conscience sociale des autres. Grâce aux conseils suivants, vous pouvez également améliorer la vôtre.

Conseil numéro un : faites preuve de plus de compassion

Vous pouvez améliorer votre conscience sociale en vous mettant consciemment à la place d'autres personnes. Ce faisant, essayez de choisir des personnes qui se trouvent dans une situation différente ou moins chanceuse.

Conseil numéro deux : pensez aux besoins des autres

La plupart des gens veulent se sentir entendus, appréciés, respectés et reconnus. Par conséquent, vous devez essayer de développer un sens des besoins des autres. Par exemple, vous pouvez reconnaître les besoins de vos amis, collègues ou parents. Vous pouvez également pratiquer l'altruisme.

Conseil numéro trois : prêtez attention à l'injustice et à l'harmonie sociales

Par exemple, suivez les nouvelles de toutes les régions du monde. Vous pouvez également soutenir différentes organisations qui s'occupent des droits de l'homme. Essayez également de traiter équitablement toutes les personnes de votre entourage proche, indépendamment de leur attitude, de la couleur de leur peau ou de leur style vestimentaire.

Conseil numéro quatre : sortez de votre zone de confort

Pour améliorer votre propre conscience sociale, il peut parfois être utile de quitter votre zone de confort. Apprendre à connaître et à s'engager auprès d'autres personnes, cultures et modes de vie. De cette façon, votre réflexion et votre vision du monde seront élargies. En améliorant votre conscience sociale, votre tolérance peut également évoluer de manière positive. Il peut donc être utile de se familiariser avec différentes confessions ou modes de vie.

L'autogestion facilitée

L'autogestion comprend l'optimisme et l'orientation vers la réussite, ainsi que l'adaptabilité et la maîtrise des émotions. De cette manière, nous sommes en mesure de poursuivre nos objectifs et, en même temps, de nous remettre des incidents négatifs. Nous sommes également mieux à même de gérer le stress.

Découvrez votre autogestion cachée

Les quatre conseils suivants vous donneront les outils nécessaires pour envisager votre autogestion sous un jour nouveau et l'adapter à la vie quotidienne.

1. s'appuyer sur des rituels le matin

Le déroulement de la matinée a une influence décisive sur le reste de la journée. Si le matin commence déjà mal, ce sentiment négatif peut s'étendre à toute la journée. Cependant, le déroulement de la journée peut être influencé positivement par un rituel matinal fixe. Pour ce faire, il vous suffit de faire quelque chose de bien pour vous-même.

Par exemple, commencez le matin par un exercice de respiration ou parlez à vous-même avec courage. Vous pouvez également penser à ce qui est beau ou unique qui vous a end ce jour-là. De ce e façon, vous créez une auto-motivation pour toute la journée.

Le rituel matinal que vous choisissez n'a pas d'importance. L'essentiel est que vous fassiez quelque chose de bien pour vous. Vous trouverez ci-dessous quelques idées de rituels matinaux possibles :

Sports

Les exercices d'étirement et de renforcement peuvent également constituer un excellent rituel matinal. De ce e façon, vous vous faites aussi du bien pour la journée chargée au bureau. Vous pouvez également pratiquer le Pilates, le yoga ou le fitness aux premières heures du jour.

Affirmation de soi

Mais peut-être souhaitez-vous commencer la journée en vous encourageant vous-même ? Formulez des phrases claires, sans ambiguïté et positives. Veillez à ce que vos objectifs reflètent bien votre personnalité. Vous soutiendrez ainsi l'image positive que vous avez de vous-même. Si vous commencez déjà la journée dans une humeur positive, elle ne peut être que bonne. Veillez à ce que vos phrases soient courtes et concises.

Visualisez

Lorsque vous visualisez, imaginez vos objectifs dans le résultat. Imaginez ce que vous ressentirez ou ce à quoi vous ressemblerez lorsque vous aurez atteint vos objectifs. Vous pouvez également fermer les yeux pour une meilleure visualisation.

Petit-déjeuner

Prendre un petit-déjeuner peut aussi devenir un rituel matinal. Bien sûr, cela ne signifie pas un café rapide. Célébrez votre petit-déjeuner de manière extensive, si nécessaire, levez-vous quelques minutes plus tôt. Outre le fait qu'il permet de bien commencer la journée, le petit- déjeuner a également un autre effet positif.

Vous avez plus d'énergie pour la journée. Privilégiez les aliments riches en protéines, mais évitez les glucides. Ceux-ci sont rapidement absorbés par le corps - vous aurez donc de nouveau faim rapidement.

2. gardez vos objectifs par écrit

Vous pouvez également améliorer votre autogestion en me ant vos objectifs par écrit. Vous pourrez ainsi les surveiller et les adapter ou les réviser en conséquence.

Très souvent, nous ne sommes pas en mesure d'a eindre les objectifs que nous nous sommes fixés. Cependant, si nous les écrivons, cela peut être une grande aide et aussi une motivation. Cependant, nous devons revoir nos objectifs régulièrement. Essayez d'en faire une habitude.

Ne lisez pas seulement votre planning hebdomadaire, mais me ez également l'accent sur les objectifs mensuels et annuels. Vous pourrez ainsi vous assurer que vous faites tout ce qui est possible pour a eindre vos objectifs.

Dans ce contexte, vous devrez peut-être revoir vos objectifs, en supprimer certains ou en ajouter de nouveaux. Vous devrez peut-être aussi reme re certaines choses à plus tard. En écrivant vos objectifs et toutes les tâches à accomplir, vous les avez sous les yeux. Avec l'aide d'une réflexion régulière, vous pouvez perfectionner cet outil d'autogestion.

3. transformer les pensées négatives

Les pensées négatives ont également un impact négatif sur notre vie. Bien entendu, les problèmes liés aux pensées négatives ne disparaissent pas dans la nature lorsque vous décidez de penser positivement.

Cependant, les pensées négatives nous empêchent généralement d'affronter les problèmes. Nous ne commençons donc pas à rechercher activement des solutions. Ceux qui pensent en permanence négativement s'abandonnent à leur sort. La pensée positive, en revanche, nous donne la possibilité de trouver des options pour résoudre le problème. De ce e façon, nous pouvons améliorer la situation.

Essayez donc de transformer les pensées ou même les croyances négatives en pensées positives. De cette façon, vous améliorerez non seulement votre autogestion, mais aussi votre vie en général.

4. quittez votre zone de confort

En outre, pour améliorer l'autogestion, il est parfois nécessaire de sortir de sa zone de confort. La zone de confort est pour nous un abri sûr dans lequel nous nous retirons trop facilement. Ainsi, nous ratons des occasions d'essayer des choses dans la vie parce que nous n'osons tout simplement pas.

Si vous voulez améliorer l'autogestion, vous devez agir. Souvent, le succès ou les objectifs ne sont atteints que par la conquête de sentiments désagréables. Et nous ne pouvons laisser ces sentiments derrière nous que si nous sortons de notre zone de confort.

Gestion des relations

Ce quatrième domaine décrit notre capacité à établir des relations avec les autres. Nous pouvons communiquer de manière à être d'accord avec notre interlocuteur et, en même temps, entrer en contact avec nos semblables de manière positive et respectueuse.

La compétence dans ce quatrième domaine est non seulement cruciale pour l'intelligence émotionnelle, mais aussi pour d'autres domaines de la vie. Si nous n'avons pas ces compétences, nous aurons des problèmes dans notre vie professionnelle, par exemple. Il est donc inutile de se développer dans le domaine de l'intelligence émotionnelle, tout en négligeant les quatre compétences de base mentionnées.

Par exemple, une personne peut être formée à l'intelligence émotionnelle et développer ainsi une conscience de soi appropriée. Toutefois, cela ne sera pas nécessaire si la capacité d'empathie et de compréhension des autres n'est pas présente.

Selon Daniel Goleman, il est donc important de considérer les quatre compétences fondamentales dans leur ensemble et de ne pas en choisir une seule à améliorer. Ces compétences essentielles constituent la base des qualifications clés mentionnées dans le premier chapitre. Par conséquent, les enfants devraient également être éduqués selon ce e approche.

Les parents ainsi que les enseignants doivent créer un contexte significatif et en même temps précieux en ce qui concerne l'intelligence émotionnelle. Il est donc important de considérer et d'appliquer les points suivants non seulement à soi-même mais aussi à ses propres enfants :

- Nous devons reconnaître les émotions se cachant derrière chacune de nos actions !
- Nous devons élargir notre langage émotionnel ! Selon ce principe, nous ne devons pas seulement dire que nous sommes tristes, mais aussi justifier pourquoi nous nous sentons ainsi. Par exemple, ***"Je suis triste parce que je suis déçu en ce moment. "***

- Nous devons commencer à contrôler ce que nous pensons afin de pouvoir contrôler notre comportement.
- Nous devons examiner de près le comportement des autres et nous demander pourquoi, afin de comprendre le point de vue et le monde émotionnel de l'autre personne.
- Nous devons exprimer nos sentiments avec confiance.
- Nous devons améliorer nos compétences sociales.
- Nous devons être capables de nous motiver et de nous battre pour tous les objectifs que nous souhaitons atteindre.

Découvrons à quel point vous êtes émotionnellement intelligent dans l'étape suivante.

Suis-je intelligent sur le plan émotionnel ? L'auto-diagnostic ultime

Grâce à l'intelligence émotionnelle, vous êtes en mesure de gérer de manière constructive vos propres émotions et celles des autres. En outre, vous pouvez comprendre et exprimer ces sentiments.

Afin de pouvoir calculer l'intelligence émotionnelle, divers traits de caractère tels que : la perception propre, l'empathie, l'auto-évaluation, les capacités de communication, la motivation et également la compétence sociale sont pris en compte.

Nous savons désormais que pour réussir sa vie, il ne suffit pas d'avoir une tête intelligente. La façon dont vous vous débrouillez dans le monde dépend, entre autres, de votre intelligence

émotionnelle. Cela a une influence sur la façon dont vous vous comportez avec vos semblables et sur la façon dont vous vous considérez vous-même. Par exemple, êtes-vous capable de reconnaître vos propres sentiments et de les gérer de manière appropriée ? Ou pouvez-vous vous mettre à la place des autres et interpréter correctement leurs émotions ?

Les personnes émotionnellement intelligentes remarquent très rapidement comment les autres se sentent. Parce que ces personnes comprennent très bien leur propre monde émotionnel et prennent l'émotion comme guide pour les décisions importantes de la vie.

Le quotient d'intelligence émotionnelle détermine le succès ou l'échec au travail, ainsi que dans la vie privée. Grâce à l'intelligence émotionnelle, vous pouvez non seulement comprendre les autres, mais aussi les convaincre et, en même temps, évaluer correctement les problèmes et les situations. Grâce à ces qualités, les personnes dotées d'une intelligence émotionnelle se voient ouvrir davantage de portes dans leur environnement social et professionnel. Voyons maintenant à quoi ressemble votre intelligence émotionnelle. Lisez attentivement les déclarations suivantes. Pouvez-vous être d'accord ou non avec eux ?

"Je suis très doué pour évaluer mes capacités et je sais aussi comment agirdans certaines situations. "

"Je ne peux plus vraiment contrôler mes émotions quand je suis en colère. "*"Je suis très douée avec les sentiments des autres. "*

"Mon expression verbale est si bonne que mes instructions de travail sontcompréhensibles. "

"Il n'est pas toujours facile pour moi de formuler toutes les instructions detravail de manière compréhensible. Par conséquent, les malentendus sont fréquents. "

"Je suis bon avec les autres. "

"J'aime vraiment travailler avec les autres, les motiver et améliorer les performances de ce e manière. "

"Pour les autres, je suis toujours un bon guide. ""Je suis très populaire auprès de mes collègues. "

"Très souvent, les collègues me demandent aussi des conseils. "

Si les affirmations marquées en vert s'appliquent à vous, vous disposez déjà d'une bonne intelligence émotionnelle, qui peut néanmoins être développée. Si vous n'êtes pas d'accord avec les affirmations, vous devriez travailler davantage pour améliorer votre intelligence émotionnelle.

Sept signes évidents que vous avez trop peu d'intelligence émotionnelle

Les signes suivants indiquent clairement que votre intelligence émotionnelle n'est pas encore développée de manière optimale.

Pour vous, c'est toujours la faute des autres !

Si tu fais ce que tu veux, les autres sont toujours responsables des problèmes. Cependant, vous ne serez pas non plus sans défaut, car aucun être humain ne l'est. Mais si vous pensez réellement que les problèmes et les erreurs sont toujours causés par les autres et non par vous, non seulement vous manquez d'intelligence émotionnelle, mais votre perception de vous-même pourrait être altérée.Tu ne peux pas céder !

Avez-vous un problème avec le fait de céder ? Si c'est le cas, votre capacité d'autorégulation peut être altérée. Une personne émotionnellement intelligente peut parfois subordonner ses propres besoins.

Vous ne pouvez pas comprendre pourquoi les autres sont sensibles à ce que vous dites !

Vous devez considérer comme un signal d'alarme le fait que d'autres personnes réagissent de manière sensible et répétée à ce que vous dites. Dans ce cas également, votre perception de vous-même peut être troublée. Il se peut que vous ne soyez pas en mesure d'évaluer l'impact de vos actions et que vous ne vous rendiez pas compte que vous faites du mal aux autres.

Ils ne peuvent pas se me re à la place des autres !

Les personnes qui ne peuvent pas se me re à la place des autres manquent d'empathie. Cependant, il s'agit d'un élément essentiel de l'intelligence émotionnelle.

Vous avez peu de patience !

Avez-vous souvent le problème d'être impatient avec les autres parce que ces personnes ne veulent tout simplement pas vous comprendre ? Alors vous manquez de bonne communication. Vous ne pouvez pas vous exprimer de manière à ce que les autres vous comprennent.

Tu ne te soucies pas de ce que les gens pensent de toi !

Vous ne vous souciez pas vraiment de ce que les autres pensent ou pensent de vous, mais c'est un signe de manque de compétences sociales. Les personnes dotées d'une intelligence émotionnelle sont en principe toujours intéressées par le travail en réseau. Par conséquent, les personnes émotionnellement intelligentes se soucient également de ce que les autres pensent ou pensent d'elles.

Vous avez des problèmes pour motiver les autres !

Vous ne pouvez pas convaincre les autres de vos idées. Si vous avez une intelligence émotionnelle, vous avez la capacité de motiver d'autres personnes et aussi de les inspirer pour les choses les plus diverses.Vous avez déjà pu lire pas mal de choses sur votre propre intelligence émotionnelle. Vous avez appris à quel point ce e forme d'intelligence est multiforme, et que vos propres sentiments jouent avant tout un rôle très important. Avec les bonnes méthodes, vous pouvez même contrôler vos propres sentiments.

Vous savez maintenant quels niveaux doivent être maîtrisés pour a eindre ce type d'intelligence. Vous avez reçu des conseils pratiques sur la façon dont vous pouvez optimiser les domaines des niveaux individuels pour vous-même.

En outre, vous pourriez également apprendre quels sont les signes qui se manifestent lorsque

Chapitre 4: La clé de votre propre intelligence émotionnelle

Nos actions humaines sont déterminées par nos sentiments. Si nous sommes capables de les comprendre et de les contrôler, nous disposons d'une compétence qui nous aide à atteindre l'équilibre intérieur et la satisfaction. Dans ce contexte, l'intelligence émotionnelle fait référence à cette compétence. Toutefois, ce type d'intelligence ne peut être comparé à la pensée analytique. L'intelligence émotionnelle est bien plus que la capacité à reconnaître et à évaluer les sentiments.

Les personnes dotées d'une intelligence émotionnelle peuvent tenir compte non seulement de leurs propres sentiments, mais aussi de ceux de leurs amis, de leur famille ou de leurs collègues de travail. Les personnes émotionnellement intelligentes peuvent percevoir de nombreux sentiments à travers les expressions faciales et les gestes et adapter leurs actions en conséquence. Par conséquent, les personnes émotionnellement intelligentes réussissent mieux, tant sur le plan professionnel que privé, que celles qui ne s'appuient que sur leurs forces logiques et analytiques.

Les forces logiques et analytiques constituent le concept classique de l'intelligence. Grâce à l'intelligence émotionnelle, nous pouvons éviter ou résoudre les conflits et avoir des relations plus heureuses.

La reconnaissance des sentiments permet d'adapter les actions, de mener des relations heureuses et d'éviter les conflits, voire de les résoudre. Cela ne se limite pas à la sphère privée, mais est également utile dans la vie professionnelle pour travailler avec les gens ou les diriger.

Mais qu'en est-il de votre propre intelligence émotionnelle ?

Reconnaître sa propre intelligence émotionnelle

Dans le chapitre précédent, vous avez pu découvrir dans quelle mesure votre intelligence émotionnelle est développée. De cette façon, vous avez pu vous faire une petite idée de la mesure dans laquelle vous avez les capacités d'une personne émotionnellement intelligente.

En plus des déclarations du chapitre précédent, vous pouvez rechercher les signes suivants chez vous pour en savoir plus sur votre potentiel d'intelligence émotionnelle.

Vous pensez à vos sentiments

Seuls ceux qui font face à leurs sentiments peuvent les comprendre. Par conséquent, vous devriez réfléchir à vos émotions. Si vous faites cela tout en reme ant en question vos sentiments, vous faites preuve d'intelligence émotionnelle.

Vous êtes intéressé par le point de vue des autres

Il est toujours bénéfique de voir les situations du point de vue des autres. Si nous sommes figés dans notre opinion et que nous avons en même temps une vision égocentrique des choses, nous ne sommes pas en mesure de faire preuve d'empathie envers les autres. Parfois, il peut être plus bénéfique d'écouter les arguments des autres sur un certain sujet.

Vous demandez

Les personnes émotionnellement intelligentes reme ent en question leurs propres sentiments et pensées. Ainsi, ces personnes ont également un contrôle sur elles-mêmes et peuvent mieux comprendre les autres.

Vous pouvez supporter la critique

L'intelligence émotionnelle se caractérise par le fait que la critique n'est pas perçue comme une insulte. Elle est plutôt perçue comme une aide pour s'améliorer et apprendre de ses erreurs.

Vous tenez compte de la réaction des autres

L'intelligence émotionnelle consiste à penser à autre chose qu'à soi-même. La réaction des autres est respectée et prise en compte, de même que leurs sentiments. Surtout, les sentiments des autres ne doivent pas toujours correspondre aux nôtres.

Votre vocabulaire émotionnel est large

Les personnes émotionnellement intelligentes sont non seulement capables de réfléchir profondément à leurs propres sentiments, mais aussi de les exprimer avec des mots justes. De cette manière, les personnes dotées d'une intelligence émotionnelle peuvent expliquer exactement ce qu'elles ressentent et pourquoi elles se sentent ainsi.

Vous avez le contrôle sur vos pensées

Les pensées sont parfois difficiles à contrôler car elles ont l'habitude de surgir parfois inconsciemment sans que nous le voulions. Une pensée subconsciente acquiert rapidement une dynamique propre qui peut se déchaîner. Cependant, les personnes dotées d'une intelligence émotionnelle élevée peuvent bloquer ces pensées indésirables.

Vous êtes capable d'analyser vos faiblesses

Connaître vos faiblesses vous donne la possibilité de les travailler. De ce e façon, les faiblesses peuvent également être transformées en forces.

S'excuser et pardonner n'est pas difficile pour vous

Les personnes émotionnellement intelligentes n'ont aucun problème à s'excuser. Toute excuse signifie que vous devez adme re que vous avez fait une erreur ou que vous avez blessé d'autres personnes par votre comportement. D'ailleurs, il en va de même pour le pardon. Pour être en mesure de pardonner aux autres, nous devons regarder le monde sousun angle différent. Nous devons être capables de nous mettre à la place de la personne en question, même si elle nous a profondément blessés. Ce n'est que si nous comprenons aussi la personne, que nous pouvons aussi lui pardonner.

Les préjugés ne font pas partie de votre vie

En gros, les préjugés sont toujours mauvais. Nous ne devrions pas faire dépendre toute l'image que nous avons d'une personne d'un certain comportement à un certain moment. Ceux qui ont une intelligence émotionnelle élevée affronteront toujours les gens sans préjugés.

Louer les autres sincèrement n'est pas difficile pour vous

De nombreuses personnes ont du mal à montrer leur appréciation ou leur attention aux autres. Les personnes dotées d'une intelligence émotionnelle sont capables de reconnaître le travail bien fait et les efforts en conséquence.

Les premiers pas vers l'intelligence émotionnelle

Si vous n'avez pas encore abordé la question de votre intelligence émotionnelle, il peut être difficile de faire les premiers pas pour devenir une personne émotionnellement intelligente. Cependant, il existe quelques bonnes astuces que vous pouvez utiliser pour développer et améliorer votre intelligence émotionnelle dès aujourd'hui :

1. Passez moins de temps sur l'ordinateur et le smartphone. De cette façon, vous améliorerez vos compétences sociales et vous entraînerez également votre capacité à interpréter les signaux non verbaux. Le contact personnel quotidien avec d'autres personnes est essentiel.

2. Commencez à écouter votre corps. Votre corps et les sentiments qui lui sont associés sont des indicateurs clairs que vous ne devez pas négliger. Par exemple, une drôle de sensation dans l'estomac peut indiquer que vous êtes stressé.

3. N'ayez pas peur de vos propres sentiments négatifs ou des sentiments désagréables des autres. Ces sentiments négatifs sont également importants. Interrogez les sentiments négatifs, puis essayez de contrebalancer les émotions désagréables par des sentiments positifs.

Ces trois conseils constituent le début des fondations de votre intelligence émotionnelle. À l'aide de diverses méthodes, vous pouvez vous plonger encore plus profondément dans le monde de ce type d'intelligence et améliorer vos compétences dans ce domaine.

Les cinq meilleures méthodes pour apprendre ce e intelligence

Les cinq méthodes suivantes vous aideront à développer votre intelligence émotionnelle ou à l'améliorer.

Pas d'intelligence émotionnelle sans connaissance de soi

Cette méthode pour améliorer la connaissance de soi demande peu de temps et est également très simple. Cependant, pour cet exercice, vous avez besoin de deux ou trois personnes proches.

Chaque participant à l'exercice note trois points forts et trois points à améliorer, puis l'évaluation est discutée. Si les autres participants ont noté d'autres points forts ou points faibles, cela vous donne l'occasion d'apprendre quelque chose de nouveau sur vous-même. De cette manière, vous améliorez votre connaissance de vous-même, sans laquelle intelligence émotionnelle ne serait pas possible.

Écrire un journal intime

Cette méthode demande un peu plus de temps, mais vous permet de mieux comprendre vos sentiments. En documentant vos sentiments, vous pouvez examiner les décisions, ainsi que les schémas de pensée et de comportement avec distance. En particulier dans les situations où vous avez réagi de manière impulsive ou émotionnelle, vous pouvez changer quelque chose à l'avenir. Vous pouvez découvrir pourquoi vous avez réagi comme vous l'avez fait dans ces situations et remettre en question les sentiments qui y sont associés.

Observer consciemment

Si vous vous concentrez sur l'observation consciente, vous pouvez améliorer votre intelligence émotionnelle à un haut degré. Par exemple, faites attention à ce que l'autre personne vous regarde dans les yeux lorsque vous dites quelque chose, ou qu'elle détourne le regard. Pour ne pas devenir trop lourd au début, vous pouvez vous attaquer à une certaine zone seulement, semaine après semaine.

Par exemple, commencez par le langage corporel, auquel vous prêtez davantage attention. La semaine suivante, ce sont les expressions faciales et, une semaine plus tard, la voix ou le ton de la voix. Ainsi, vous ne vous laissez plus guider par les interactions sociales, mais vous prenez l'habitude d'observer les autres.

Commencez par la méditation

La méditation est non seulement l'une des plus anciennes techniques mentales au monde, mais elle est également excellente pour développer ou améliorer votre propre intelligence émotionnelle. Avec l'aide de la méditation, vous apprenez à diriger votre attention, à mieux percevoir les sentiments et à laisser aller les pensées.

Pour certaines personnes, la méditation permet également d'améliorer la connaissance de soi. Les changements qui peuvent être obtenus dépendent toujours de la technique de méditationutilisée. Par exemple, la méditation permet d'accroître l'empathie. La médiation Anapan, quant à elle, est recommandée pour favoriser la concentration et la sérénité.

Communication avec des personnes émotionnellement intelligentes

La dernière méthode est peut-être aussi la plus élaborée. On peut également améliorer et développer sa propre intelligence émotionnelle en parlant de certaines situations avec des personnes émotionnellement intelligentes. Essayez de vous concentrer sur l'observation pendant la conversation et posez beaucoup de questions.

Demandez à votre interlocuteur émotionnellement intelligent de vous expliquer son évaluation intuitive d'une manière compréhensible et reproductible. Dans ce cas, votre interlocuteur doit utiliser des faits objectivement observables. Il peut s'agir, par exemple, de certaines expressions ou de certains gestes.

5 conseils pour améliorer votre propre intelligence émotionnelle

Les conseils suivants vous aideront à mieux vous connaître et à améliorer votre intelligence émotionnelle par la même occasion.

Conseil 1: concentrez-vous sur vous-même

Si vous voulez être une personne émotionnellement intelligente, vous devez d'abord bien vous connaître. Cependant, ce n'est pas aussi simple pour tout le monde. Pour apprendre à nous connaître, nous devons plonger au plus profond de notre être et nous pencher sur notre histoire.

Grâce à des questions ciblées, nous pouvons pénétrer dans les domaines les plus divers de notre personnalité, les explorer et apprendre à les connaître. Le voyage de découverte de notre moi le plus profond n'est pas toujours facile, mais il est néanmoins gratifiant.

Par exemple, vous pouvez vous demander :

- *"Qui suis-je et qu'est-ce qui fait que je suis moi ? "*
- *"Qui ou quoi m'a façonné ? "*
- *"De quoi ai-je besoin et quels sont mes besoins ? "*
- *"Qu'est-ce qui est important pour moi et quels sont mes objectifs ?"*
- *"Quelles sont mes forces et mes faiblesses ?"*
- *"Dans quel domaine suis-je vraiment doué et qu'est-ce que j'aime faire ? "*

- *"Par quoi mes actions, mes pensées et mes sentiments sont-ils déterminés ? "*

Conseil n° 2 : apprendre à gérer les sentiments

Nous savons que nos émotions ne sont pas des ennemis. Au contraire, les émotions sont naturelles et humaines. Si nous n'avons pas peur de nos propres sentiments ou de ceux des autres et que nous pouvons les gérer de manière appropriée, nous avons également la capacité de nous comporter de manière appropriée dans des situations émotionnelles. Vous ne pouvez gérer correctement les sentiments des autres que si vous n'avez pas peur de vos propres sentiments.

Vous devez donc vous occuper intensivement de votre propre monde émotionnel. Vous devez accepter chaque sentiment comme une partie inséparable de vous-même. En ce qui concerne l'intelligence émotionnelle, vous pouvez commencer par orienter votre perception vers vos sentiments dans la vie quotidienne. Remarquez ce qui se passe en vous - mais sans juger. Essayez non seulement de répondre à la question : **"Comment je me sens ? "** mais aussi **" Qu'est-ce qui déclenche ce sentiment en moi et où dans mon corps est-ce que je ressens ce sentiment ? "et "Comment puis-je y faire face ? ".**

Conseil n° 3 : n'ayez pas peur des gens

Vous souhaitez développer votre intelligence émotionnelle afin d'améliorer votre contact avec les autres. En conséquence, vous devez également vous engager auprès des gens. Ne soyez pas timide et ne vous isolez pas. Mélangez-vous aux gens et faites quelque chose avec eux.

Vous pouvez également vous rendre dans des endroits où il y a beaucoup de monde et où vous pouvez établir de nouveaux contacts. Mais vous avez également la possibilité d'observer les autres personnes de manière ouverte et a entive.

Pour l'intelligence émotionnelle, il est également bénéfique d'apprendre à connaître d'autres cultures. Vous pouvez apprendre beaucoup de choses sur la psyché humaine et, en même temps, traiter des questions qui touchent d'autres personnes. Vous devriez commencer à apprendre à vous connaître, mais aussi à connaître les autres.

Conseil n° 4 : apprenez à gérer les critiques

Si vous n'avez pas encore réussi à le faire, vous pouvez commencer dès maintenant en ne considérant pas la critique comme quelque chose de personnel. Au contraire, vous devez l'accepter ouvertement sans vous me re immédiatement dans une situation d'insécurité ou de culpabilité.Être capable d'accepter la critique signifie également vérifier dans quelle mesure la critique est justifiée et ce que vous pouvez en apprendre. La critique peut toujours être une possibilité d'améliorer quelque chose. Dans ce contexte, vous devriez également commencer à vous critiquer de manière constructive. Cependant, vous ne devez jamais décourager ou blesser d'autres personnes.

Conseil n° 5 : laissez les autres avoir leur personnalité

Les personnes émotionnellement intelligentes n'essaient pas de faire plier ou de changer les autres. Chaque personne est à la fois différente et unique.

Ce n'est pas parce que quelqu'un est différent que c 'est forcément mauvais. Acceptez que d'autres personnes voient le monde différemment de vous. Cela vous permettra également de voir plus facilement le point de vue des autres. Si vous avez un niveau élevé d'intelligence émotionnelle, vous ne percevrez pas les

autres points de vue ou opinions comme une menace, mais plutôt comme intéressants.

Les émotions jouent un rôle crucial par rapport à ce type particulier d'intelligence. Voyons donc les cinq exercices les plus efficaces que vous pouvez utiliser pour contrôler vos émotions.

Le secret des personnes émotionnellement intelligentes : le contrôle des émotions

Les personnes émotionnellement intelligentes sont maîtresses de leur état intérieur. Elles ne sont donc pas victimes de leurs propres sentiments, mais peuvent décider elles-mêmes dans quel état d'esprit elles veulent être.

Lorsque nous sommes maîtres de nous-mêmes, nous pouvons nous attaquer efficacement à d'autres choses. À l'inverse, si les gens ne se contrôlent pas eux-mêmes, ils ne peuvent pas contrôler les autres domaines de leur vie.

De cette façon, nous pouvons nous maîtriser et, en même temps, gérer correctement nos émotions. Pour contrôler vos émotions, il existe cinq étapes simples.

Étape 1 : Assumez la responsabilité de vos propres sentiments

Nous sommes les seuls à décider de nos sentiments. Les émotions ne sont pas causées par des situations, des personnes ou d'autres influences extérieures, les sentiments naissent toujours uniquement en nous-mêmes. Par conséquent, nous devons également en assumer la responsabilité.

Très souvent, surtout en cas de sentiments négatifs, nous rejetons la responsabilité sur d'autres personnes ou situations. Toutefois, si nous assumons la responsabilité de nos sentiments, nous pouvons aussi les contrôler et les orienter consciemment.

Étape 2 : Soyez conscient de vos sentiments

Il n'est pas rare que nous essayions de supprimer nos sentiments, mais cela est contre- productif. Les sentiments refoulés peuvent avoir disparu au premier moment, mais ils sont toujours ancrés dans notre subconscient et chercheront à sortir plus tard. Il est donc préférable de prendre conscience de ses sentiments de manière consciente. Pour y parvenir, vous devez vous concentrer sur votre corps. Où exactement ressentez-vous la sensation au moment opportun ? C'est plutôt un tiraillement dans la poitrine ou une pression dans l'estomac ? Lorsque vous observez consciemment l'émotion dans votre corps, vous dirigez automatiquement votre a ention vers votre moi intérieur, là où le sentiment surgit.

Étape 3 : Prendre conscience des émotions

Si vous vous trouvez dans une situation où vous ressentez une forte émotion, réfléchissez calmement aux pensées que vous aviez avant que ce sentiment ne se produise.

Dans certaines circonstances, ce sera une situation dont vous vous souviendrez. Mais vous savez que ce n'est pas la situation qui l'a déclenchée, mais vos pensées à son sujet. Et ce sont ces pensées dont vous devez être conscient.

Étape 4 : Expirez les émotions

Nous pouvons contrôler nos sentiments en nous concentrant sur notre respiration. Dans ce cas, une respiration abdominale profonde est recommandée. Respirez consciemment et profondément dans le ventre, le ventre doit se gonfler nettement vers l'extérieur.

En expirant, imaginez que vous laissez partir vos émotions et que vous les expirez en même temps. Vous répétez cette respiration jusqu'à ce que vous sentiez que vous vous êtes calmé et que vous avez calmé vos émotions.

Étape 5 : Changez activement vos pensées

Les pensées telles que celles de la troisième étape peuvent être changées. Vous devriez choisir d'autres pensées qui ne déclenchent pas d'émotions aussi fortes en vous. Par exemple, si vous êtes en colère contre quelqu'un parce que vous avez été blessé, au lieu de ressentir de la colère, vous pouvez choisir d'en comprendre les raisons. De ce e façon, la colère peut devenir source de compréhension.

Nous sommes capables de transformer n'importe quel sentiment en un autre si nous commençons à penser différemment à la question. Les pensées positives créent toujours des sentiments positifs. Les pensées négatives, le contraire.

En cela, nous pouvons considérer les pensées négatives comme une sorte de boussole. Ils nous font prendre conscience que nous avons des pensées dans un certain domaine de notre vie qui ne sont pas bonnes pour nous. Par conséquent, ils nous donnent la possibilité de changer quelque chose.

Quel rôle joue la colère dans l'intelligence émotionnelle ?

Dans le domaine de l'intelligence émotionnelle, la colère joue un rôle très important. Parce que cette émotion est un signe clair que l'intelligence émotionnelle est pratiquement inexistante. En particulier, les personnes qui souffrent d'accès de colère incontrôlés ne sont pas émotionnellement intelligentes.

La colère est caractérisée comme un sentiment plus fort que la colère. Dans la plupart des cas, la colère ne peut être contrôlée et la colère nous pousse à des actions irréfléchies et parfois agressives. La colère est en même temps aussi un état d'urgence dans notre corps, qui se caractérise par diverses réactions physiques. Les sourcils se contractent et les pupilles se dilatent.

Notre corps est en état d'urgence pendant la colère. Ainsi, de nombreuses hormones de stress, l'adrénaline et la noradrénaline, sont libérées. Le pouls et la pression sanguine augmentent, mais les déclencheurs de la colère peuvent être très différents. Il s'agit souvent de choses banales comme la faim. Mais il n'est pas rare que d'autres sentiments, plus profonds, soient le déclencheur de notre colère.

Nous pouvons avoir été blessés ou humiliés, l'impuissance ou les situations dont nous semblons ne pas pouvoir nous sortir sont également des garants d'une crise de colère. Dans le cerveau, en particulier dans le système limbique, de nombreuses réactions peuvent être observées lors d'un sentiment de colère.

Le système limbique contrôle nos réponses émotionnelles. L'une de ses parties est l'amygdale, qui est également en réseau avec le thalamus. Le thalamus agit comme un médiateur d'informations. En outre, l'amygdale est toujours connectée au cortex cérébral (responsable de notre perception sensorielle) et à l'hypothalamus (qui régule la respiration, la circulation et la température). Normalement, l'amygdale est tenue en échec par le cortex cérébral, ce qui nous permet d'agir de manière réfléchie.

Dans le cas d'une blessure légère ou verbale, ces informations passent par les yeux et les oreilles jusqu'au thalamus, qui les transmet à son tour à l'amygdale et au cortex cérébral. Si l'amygdale décide maintenant qu'il s'agit d'un grief ou d'une blessure verbale, elle ne peut plus être arrêtée par le cortex cérébral.

Ainsi, l'amygdale active en un clin d'œil l'hypothalamus, qui met alors tout le corps en alerte. On entend déjà une explosion de colère.

Trois moyens efficaces de gérer votre colère de la bonne manière

La colère est une émotion très forte. Elle est si forte que la personne qui la ressent peut perdre le contrôle. Un accès de colère peut prendre de nombreuses formes différentes : Une personne crie sur d'autres personnes avec une tête haute et rouge, insulte son interlocuteur, jette d'autres choses ou casse volontairement des objets. Dans le pire des cas, un accès de rage aboutit à la violence physique.

Pour éviter d'en arriver là, il faut agir dès les premiers signes de colère.

Conseil 1 : Gagner de la distance

La colère est une émotion si forte qu'une action rapide est nécessaire pour l'empêcher d'aller à l'extrême. En cas de colère, essayez de créer le plus rapidement possible une distance entre vous, votre interlocuteur et la situation. Vous pouvez utiliser ici une distance spatiale, temporelle ou même mentale.

Par exemple, quittez la pièce. Vous pouvez le justifier en disant que vous avez besoin de vous éloigner un moment pour faire le point.

Vous pouvez également demander à poursuivre la conversation à un moment ultérieur.

Si tout cela n'est pas possible, retirez-vous intérieurement et comptez lentement jusqu'à 10, en vous concentrant sur votre respiration. Vous pouvez également utiliser un exercice de respiration de ce livre. Grâce à cette petite pause mentale, les processus de votre cerveau peuvent se calmer à nouveau.

Conseil 2 : Rester objectif

Une autre façon de gérer efficacement la colère est de se baser sur les faits. Vous pouvez dire très clairement à votre interlocuteur ce qui vous dérange et vous a contrarié. Toutefois, vous devez rester respectueux et ne pas a aquer la compétence de votre interlocuteur. S'abstenir d'insulter.

De ce e façon, vous donnez à votre interlocuteur l'occasion d'apprendre pourquoi vous êtes si en colère. Toutefois, n'oubliez pas que tout le monde fait des erreurs. Si vous vous êtes mis en colère à cause de l'erreur de quelqu'un d'autre, essayez de l'expliquer.

Conseil n° 3 : Utiliser des messages "je".

Très souvent, nous ne percevons pas la colère ou l'agacement comme des sentiments qui nous sont propres. Peut-être que vous le cachez et ne voulez pas l'adme re, nous aimons rejeter les sentiments négatifs sur les autres. Mais vous savez que vos sentiments n'appartiennent qu'à vous et non à d'autres personnes.

Ainsi, même la colère que vous ressentez dans une certaine situation vous appartient. Dans ces moments-là, vous changez votre communication et utilisez des messages "je". De cette façon, vous pouvez désamorcer la communication et il est également plus facile de parler de certaines choses. Essayez de toujours voir votre rôle dans la situation à travers les messages "je".

Jusqu'à présent, vous avez déjà appris beaucoup de choses sur l'intelligence émotionnelle et ce qu'elle peut faire. Vous savez quels facteurs et compétences doivent être présents et vous savez également comment découvrir et améliorer votre intelligence émotionnelle. Dans le prochain chapitre, nous voudrions parler des dangers de ce type d'intelligence.

Chapitre 5: Le côté obscur de l'intelligence émotionnelle

Comme beaucoup d'autres choses dans la vie, l'intelligence émotionnelle a ses inconvénients. Souvent, de nombreuses personnes émotionnellement intelligentes ont du mal à maintenir le bon équilibre. Car une trop grande quantité de cette intelligence peut devenir un danger. Découvrez dans ce chapitre pourquoi il est si important pour vous de ne pas avoir trop d'intelligence émotionnelle.

L'empathie joue un rôle crucial dans le domaine de l'intelligence émotionnelle. Grâce à elle, il est possible de percevoir et de comprendre ses propres sentiments ainsi que ceux des autres. Les personnes empathiques ont le don de se mettre dans toutes les situations émotionnelles de leur interlocuteur. Mais plus encore : ils ressentent littéralement la douleur de l'autre personne.

Les personnes empathiques sont à la fois excellentes pour écouter et réconforter. Quand vous en avez besoin, ils sont toujours là. Cela distingue l'empathie, mais la rend en même temps très dangereuse pour celui qui la possède.

Pourquoi l'intelligence émotionnelle ne nous sert parfois à rien

L'intelligence émotionnelle se nourrit d'empathie. Il y a des gens qui sont beaucoup plus empathiques que d'autres. Cela peut ne pas sembler dramatique au premier abord, mais au cours d'une vie, cela peut se présenter comme un risque ou un danger.

Ceux qui sont constamment occupés par le monde émotionnel et les états émotionnels des autres, et qui s'y plongent également, consomment beaucoup d'énergie. L'empathie nous prive donc de beaucoup d'énergie et des études ont montré que les personnes particulièrement empathiques se fatiguent plus rapidement et sont aussi plus facilement dépassées dans leur travail réel. Dans ce cas, l'hormone du stress, le cortisol, joue un rôle déterminant.

Le corps des personnes empathiques est davantage inondé de ce e hormone. Si les personnes empathiques observent le stress chez les autres, elles le prennent automatiquement en charge

Les dangers les plus courants de l'intelligence émotionnelle

Bien que l'intelligence émotionnelle présente de préférence de nombreux avantages et qu'elle puisse parfois nous aider à réussir, il existe certains aspects dangereux. Elles concernent principalement les personnes qui ont une intelligence émotionnelle trop élevée.

L'intelligence émotionnelle peut "s'user"

Même la personne la plus intelligente sur le plan émotionnel a eint ses limites à un moment donné. Trop d'empathie peut provoquer un stress empathique. La conséquence est un épuisement pur et simple, le stress empathique conduisant à son tour à se détourner de la réalité.

En définitive, il n'y a que deux façons d'atténuer ce stress : Soit on aborde la situation, soit on s'en retire. Se retirer de la situation est certainement le moyen le plus confortable, mais se retirer des situations peut aussi avoir des conséquences. Si chacun prenait soin de soi, le monde, tel qu'il est aujourd'hui, n'existerait plus très longtemps.

L'exclusion par l'intelligence émotionnelle

Il n'est pas rare que ceux qui sont émotionnellement intelligents, et donc empathiques, distribuent l'empathie de manière injuste. Dans la plupart des cas, nous ne pouvons éprouver de l'empathie que pour les personnes qui nous ressemblent. Des cultures étrangères ou même des milieux sociaux différents nous empêchent d'être empathiques. Bien que les personnes émotionnellement intelligentes n'aient pas de préjugés envers les autres, il peut arriver que nous ne fassions pas preuve de la même empathie envers tout le monde.

C'est surtout dans la vie professionnelle que la constitution d'une équipe peut se faire de cette manière, par laquelle les autres sont exclus. Le sentiment de "nous" qui en résulte peut être accueilli avec désintérêt et jubilation par les étrangers au groupe. La discrimination n'est pas exclue dans ce cas.

Les actions imprudentes des personnes émotionnellement intelligentes

L'intelligence émotionnelle et la capacité associée d'empathie pour le sort d'autres personnes signifient qu'il y a un risque d'agir de manière imprudente. Selon une étude de Paul Bloom, nous sommes particulièrement préoccupés par le sort individuel des gens. D'autres destins qui affectent une masse plus large, par exemple, ont moins d'influence sur nous.

Évitez à tout prix ces 4 erreurs

Pour bénéficier exclusivement de l'intelligence émotionnelle, évitez les quatre erreurs suivantes.

Ne vous me ez pas trop à la place des autres !

Il n'est pas mauvais de penser aux autres et d'essayer de les comprendre. Mais avant d'essayer de vous mettre à la place de chaque personne, vous devriez plutôt vous demander ce qu'elle pense et pourquoi elle se comporte ainsi. De cette façon, vous économiserez beaucoup d'énergie.

Si vous continuez à vous mettre à la place des autres, votre propre qualité de vie en souffrira à long terme. Cela entraîne à son tour une libération excessive de cortisol. Cette hormone n'est pas appelée pour rien l'hormone du stress, libérée de manière plus importante chez les personnes avec une forte sensibilité. Pour son propre système hormonal, il est donc indifférent que ses propres sentiments ou émotions soient perçus par les autres. L'hormone du stress est néanmoins libérée.

Ne vous négligez pas !

Les personnes émotionnellement intelligentes sont avant tout sensibles aux autres. Cependant, ceux qui ne sont pas sensibles à eux-mêmes peuvent ne pas être en mesure de comprendre pourquoi les mauvais sentiments surgissent. En outre, il est dicffiile de distinguer les émotions et les vibrations émotionnelles des autres par rapport aux siennes propres.

Ainsi, malgré toute votre intelligence émotionnelle et l'empathie envers les autres qui l'accompagne, vous ne devez jamais vous négliger et surtout pas négliger vos propres émotions. Accordez autant d'attention et de soin à vos propres émotions qu'à celles des autres.

N'oubliez pas de faire a ention à vos besoins et à votre équilibre émotionnel !

L'intelligence émotionnelle ne peut être un don et une aide correspondante que si vous pouvez la gérer. C'est pourquoi vous ne devez jamais négliger vos propres besoins.

Par conséquent, vous devez également savoir que tout le monde ne possède pas ce type d'intelligence ou n'est pas empathique. Créez donc un équilibre pour vous-même. Vous ne pouvez pas être là pour les autres 24 heures sur 24 et vous occuper de leurs problèmes. Une telle vie mène à l'épuisement émotionnel à long terme, vous devez donc essayer de créer un équilibre émotionnel.

Ne soyez pas trop mous !

L'intelligence émotionnelle ou l'empathie est souvent assimilée à la compréhension ou à l'indulgence. Par conséquent, ces deux facteurs sont aussi souvent considérés comme des faiblesses et sont le signe d'un manque d'affirmation de soi. Toutefois, l'intelligence émotionnelle est également nécessaire dans le cadre de négociations ou de mesures de consolidation d'équipe.

Grâce à cette forme particulière d'intelligence, vous pouvez comprendre ce qui se passe chez les autres. Cela vous permet de résoudre les conflits de manière constructive. Réalisez pour vous-même et surtout pour les autres que votre intelligence émotionnelle ne signifie pas que vous cédiez toujours. Cela signifie que vous en savez plus sur les autres. En même temps, vous devez être capable d'évaluer quand vous devez être cohérent dans vos opinions et vos actions.

Épuisement émotionnel ? Faites a ention à ces signes !

Votre équilibre émotionnel joue un rôle crucial non seulement dans l'empathie mais aussi dans l'intelligence émotionnelle en général. Vous devez donc prêter attention aux signes suivants pour éviter l'épuisement émotionnel :

- Vous avez du mal à dormir !
- Vous avez du mal à vous concentrer !
- Vous évitez les contacts sociaux !
- Vous êtes rapidement irrités et sur la défensive !
- Vous vous sentez physiquement affaibli !
- Votre système immunitaire est fragilisé !
- Vous avez perdu votre libido !
- Vous négligez vos hobbies !
- Vous êtes de plus en plus en proie à la tristesse et à la mélancolie !
- Vous ne pouvez gérer votre charge de travail qu'avec difficulté !
- Vous ne pouvez plus ressentir la vraie joie !
- Votre aspect extérieur est négligé !

Premiers soins pour un épuisement émotionnel

Si vous remarquez qu'un ou plusieurs des signes d'épuisement émotionnel s'appliquent à vous, vous pouvez utiliser les mesures de premiers secours suivantes.

Faites une pause !

Si vous avez l'impression que votre énergie émotionnelle s'épuise lentement, vous devriez simplement faire plus de pauses. N'essayez pas de vous prouver à vous-même ou aux autres que vous êtes un surhomme, cela n'est pas bon à long terme. Il y a beaucoup de choses qui peuvent simplement attendre.

Allégez la pression des a entes

Bien sûr, vous devez avoir des objectifs, mais veillez toujours à ce que ces objectifs soient réalistes. Vous ne pouvez pas répondre à vos a entes si vous a endez des choses inhumaines de vous-même. Alors réduisez vos propres a entes. Commencez par de petits objectifs que vous pouvez a eindre. Cela renforce votre motivation et, en même temps, vous réduisez la pression.

Recherchez un soutien

En cas d'épuisement émotionnel, le simple fait de pouvoir parler à quelqu'un peut parfois aider. Alors ne commencez pas à vous isoler. Recherchez des conversations et surtout le soutien de vos amis et de votre famille. Obtenez le soutien dont vous avez besoin dès maintenant.

Devenez plus détendu

Le sang-froid joue un rôle très important pour se protéger de l'épuisement émotionnel. Cependant, il n'est pas toujours facile de rester calme, surtout dans les situations stressantes. Les conseils suivants vous aideront à être plus calme - dans toutes les situations.

Les 6 moyens les plus rapides pour plus de sérénité

L'exercice physique

L'exercice reste le meilleur remède contre la colère ou le stress. De ce e manière, les hormones de stress sont réduites et, en outre, une certaine distance par rapport aux problèmes peut être créée. Alors, pour être plus détendu, une petite promenade peut parfois valoir la peine.

La respiration

Respirez profondément et comptez jusqu'à dix. Ce e méthode a déjà fait ses preuves très souvent. Vous pouvez également compter jusqu'à 50 ou 100, l'essentiel étant de prendre un peu de distance par rapport au stress. En respirant, le déclencheur n'est pas encore maîtrisé ou éliminé, mais vous empêchez toute réaction de court-circuit.

Bien s'hydrater

Faites disparaître la colère, la frustration ou les problèmes avec un verre d'eau. De ce e manière, vos nerfs ont également la possibilité de se calmer tout simplement.

Rire

Le rire reste également un excellent médicament. Il est prouvé que le rire réduit le stress, qu'il renforce le système immunitaire et qu'il peut améliorer l'humeur. Comme les hormones du bonheur sont également libérées par le rire, la pression sanguine est abaissée et la douleur est soulagée. Vous voyez donc qu'il peut être utile de rire de bon cœur, encore et surtout longtemps.

Discuter

Vous pouvez également devenir plus détendu en communiquant avec d'autres personnes. Déversez votre cœur à une personne de confiance, débarrassez-vous de tout ce qui brûle sur votre âme. Parler peut soulager le stress et la colère. En outre, vous pouvez également faire le tri dans vos pensées et vous protéger des erreurs de jugement.

Se parler à soi-même

Si vous n'avez personne à qui parler, vous pouvez vous parler à vous-même. Des études ont montré que le fait de se parler à soi-même augmente les performances. Cela permet également de faire abstraction du bruit et des distractions, mais le fait de se parler à soi- même réduit également l'agressivité et permet de gagner en clarté.

L'intelligence émotionnelle peut aussi avoir des aspects négatifs. Le plus grand danger ici réside dans votre propre vulnérabilité émotionnelle. Si vous apprenez à gérer correctement votre intelligence émotionnelle, vous pouvez éviter les dangers. Il y a certains points importants que vous devez prendre en considération en ce qui concerne l'intelligence émotionnelle, afin de ne pas souffrir d'épuisement émotionnel, par exemple.

Les symptômes correspondants apparaissent tôt et doivent être remarqués en conséquence. Grâce à des mesures de premiers secours ciblées, il est également possible de les maîtriser. Dans le prochain chapitre, découvrez les possibilités illimitées de l'intelligence émotionnelle et comment vous pouvez les utiliser pour votre réussite.

Chapitre 6: L'intelligence émotionnelle : le succès repose sur les émotions

L'intelligence émotionnelle joue un rôle de plus en plus important dans la vie professionnelle. Il n'est pas étonnant que cette intelligence soit désormais aussi l'une des compétences clés de la réussite professionnelle. En particulier dans les postes de direction, l'intelligence émotionnelle est cruciale, car il faut agir de manière constructive et empathique avec les gens. En même temps, la compétence pour motiver et diriger d'autres personnes doit être présente.

Aujourd'hui, il n'existe pratiquement aucun domaine professionnel dans lequel l'intelligence émotionnelle ne joue pas un rôle. De plus en plus d'entreprises du domaine analytique ou stratégique exigent de leurs employés une certaine intelligence émotionnelle. Ceux qui l'ont déjà acquis au préalable ou qui développent les potentiels correspondants ont de très bonnes chances de réussite professionnelle.

Les émotions sont-elles plus importantes que l'intelligence ?

Depuis plusieurs années, les scientifiques du monde entier étudient les facteurs qui influencent la réussite humaine. Pendant longtemps, le quotient intellectuel a été considéré comme la mesure de l'intelligence humaine. Il était censé être possible d'en déduire le degré de réussite d'une personne dans sa vie future.

Cependant, le succès est un terme très large qui peut être interprété de différentes manières. Pour la plupart des gens, réussir signifie pouvoir vivre sa vie selon ses propres idées et, en même temps, réaliser ses souhaits et ses rêves. Mais pourquoi le quotient intellectuel n'est-il plus déterminant pour notre réussite ?

Certaines études ont réfuté l'idée que le QI puisse être utilisé comme une mesure de la réussite future. Le quotient intellectuel classique fait principalement référence aux capacités mathématiques, cognitives et linguistiques. Par conséquent, il a un pouvoir prédictif sur les résultats scolaires d'une personne.

Pour une étude, le QI de 95 étudiants de Harvard a été mesuré. Les étudiants ont ensuite été observés jusqu'à l'âge moyen. À l'université, le QI des étudiants variait beaucoup. Au cours des études, les élèves ayant le QI le plus élevé n'ont pas mieux réussi.

Ils n'ont pas obtenu un revenu plus élevé ou un meilleur statut social. Il était également frappant de constater que les anciens élèves n'étaient pas non plus heureux dans les domaines de la famille, de l'amitié et des relations. Ainsi, les chercheurs ont constaté que les personnes ayant un quotient intellectuel élevé ont un nombre frappant de problèmes dans la sphère privée.

Sur la base de cette étude, il apparaît clairement que d'autres aspects ont une influence bien plus grande sur le succès. Ceux qui peuvent s'adapter à des circonstances et des exigences en constante évolution n'ont pas besoin d'un quotient intellectuel élevé pour réussir. La capacité à contrôler ses propres émotions et à gérer habilement la frustration permet d'atteindre le succès de manière plus ciblée.

Les personnes qui sont capables de reconnaître les liens et les besoins sont mieux placées pour réaliser leurs propres intérêts. En outre, il existe un autre inconvénient lié au quotient intellectuel.

Un quotient intellectuel élevé n'est pas toujours un avantage

Le quotient intellectuel permet de déterminer l'intelligence d'une personne. Toutefois, cela comporte le risque que la personne concernée ne soit pas considérée comme un individu, mais qu'elle soit catégorisée sur la base de son QI.

Selon ce principe, les gens sont catalogués, soit ils sont intelligents, soit ils ne le sont pas. De ce e manière, la responsabilité personnelle peut diminuer, car on accorde trop d'importance à la valeur mesurée du quotient intellectuel. Les personnes ayant un faible QI sont donc privées de la possibilité d'influencer leur propre réussite.

Un grand nombre d'experts et de chercheurs s'accordent aujourd'hui à dire que l'intelligence émotionnelle est un facteur crucial de notre réussite.

Le succès malgré le manque d'intelligence émotionnelle ?

L'émotivité a une influence décisive sur nos succès ou nos échecs aujourd'hui. La voie de l'intelligence émotionnelle est tracée dès l'enfance. Ceux qui sont sobres, peu empathiques et faiblement émotifs sont souvent perçus comme de mauvais leaders. Les enfants qui apprennent l'empathie à un jeune âge auront plus de succès plus tard dans la vie.

Diverses études ont montré que les personnes qui savent reconnaître et interpréter leurs propres sentiments et ceux des autres sont plus aptes à résoudre des problèmes complexes. Ces personnes s'entendent également mieux avec leurs semblables et peuvent gérer le stress plus efficacement. En outre, les obstacles et les barrières sont surmontés plus rapidement, ce qui a un effet positif durable sur les carrières. Ces personnes souffrent également moins d'anxiété ou d'autres troubles mentaux.

De nombreuses entreprises reconnaissent aujourd'hui que la pensée logique n'est pas toujours le facteur déterminant de la productivité. Par exemple, les employés dotés d'une intelligence émotionnelle sont davantage appréciés par la plupart des employeurs. Ils sont mieux à même de faire face à la pression des performances et à la complexité du lieu de travail. Par conséquent, l'intelligence émotionnelle est un credo important dans le monde du travail actuel et pour sa propre réussite.

Selon des études récentes, les employés émotionnellement intelligents peuvent "faire carrière" plus rapidement que les personnes ayant un quotient intellectuel élevé. Découvrez maintenant comment et où vous pouvez utiliser l'intelligence émotionnelle au travail.

Comment l'intelligence émotionnelle peut-elle m'aider au travail ?

Dans le monde nouveau, numérique et en partie aussi très complexe, l'intelligence émotionnelle est un avantage. Les gens doivent faire face à un rythme de développement toujours plus rapide. Dans le même temps, des facteurs tels que le stress, le manque de garantie d'emploi et l'instabilité s'ajoutent. Ainsi, les émotions les plus diverses sont omniprésentes dans la profession.

Dans de nombreux domaines, cependant, il n'y avait pas de place pour les émotions ou la faiblesse humaine jusqu'à il y a quelque temps. Cela a entraîné une augmentation des congés de maladie et des plaintes d'ordre psychologique de la part des employés. Les entreprises recherchent de plus en plus des employés dotés d'une intelligence émotionnelle.

Ceux-ci peuvent percevoir et gérer non seulement leurs propres sentiments, mais aussi ceux de leurs collègues. De nombreuses maladies mentales et les congés de maladie qui en découlent peuvent être a ribués à un égoïsme malsain des employés. Les employés ne s'entraident plus, mais commencent à reporter leurs frustrations sur leurs collègues.

De ce e manière, chacun travaille pour lui-même et non avec les autres. Par exemple, la plupart des accidents d'avion sont dus à une erreur de pilotage évitable. Une meilleure coopération avec l'équipage aurait pu éviter ces erreurs.

Si vous n'avez pas d'intelligence émotionnelle, vous n'êtes d'aucune aide pour une entreprise. Des études ont montré qu'un manque d'intelligence émotionnelle réduit la productivité. Si, en plus, les managers ne sont pas émotionnellement intelligents, il y a un niveau élevé de maladie et une augmentation des problèmes de dépendance chez les employés.

Si vous voulez réussir aujourd'hui, vous ne pouvez pas vous empêcher de vous concentrer sur l'intelligence émotionnelle. C'est beaucoup plus important aujourd'hui que le quotient intellectuel. Par conséquent, vous devriez améliorer ou développer votre intelligence émotionnelle en vue de votre réussite future.

Intelligence émotionnelle : saisissez votre chance de réussite dès maintenant !

De plus en plus d'entreprises se soucient davantage de l'intelligence émotionnelle que d'un quotient intellectuel élevé. C'est ce qui ressort d'une enquête récente de CareerBuilder. Pour être précis, 71 % des employeurs estiment que l'intelligence émotionnelle est plus importante. Aujourd'hui, ce type d'intelligence est l'une des principales qualifications des candidats potentiels.

De plus en plus d'entreprises considèrent qu'un quotient intellectuel élevé ou d'autres compétences sont secondaires. Mais quel avantage pour une entreprise avez-vous maintenant en tant que personne émotionnellement intelligente ?

Le stress ? Aucun problème.

Notre monde a évolué rapidement et tout le monde a envie de suivre le rythme. De nombreux employeurs exigent beaucoup de leurs employés. Par conséquent, il est essentiel de bien gérer le stress et les situations en constante évolution. Les personnes émotionnellement intelligentes possèdent ce e compétence. Même dans les situations les plus difficiles, ils gardent la tête froide et peuvent ainsi faire avancer l'entreprise.

Le pouvoir de l'écoute

Si vous voulez réussir dans votre travail, vous devez non seulement bien fonctionner au sein d'une équipe, mais aussi être capable d'écouter. L'oreille ouverte ne doit pas seulement être présente lors des réunions de groupe ou lors de la rencontre avec le patron, mais à chaque occasion.

Les personnes émotionnellement intelligentes ne sont pas seulement de bons auditeurs, elles peuvent aussi comprendre leurs interlocuteurs. Ils sont même capables de se me re à la place d'autres personnes. Il n'est pas rare que des personnes émotionnellement intelligentes me ent de côté leurs propres intérêts afin de pouvoir aider les autres. Cela crée une bonne atmosphère de travail dans laquelle chacun se sent à l'aise et réalise davantage de choses ensemble.

Prendre les meilleures décisions

Avant qu'une personne émotionnellement intelligente ne prenne une décision, celle-ci est d'abord mûrement réfléchie. Cela permet également de prendre en compte les sentiments et les opinions des employés, ce qui conduit à une prise de décision optimale pour tous. Puisque les personnes émotives peuvent également considérer les choses du point de vue des autres, elles sont en mesure de prendre de meilleures décisions. Ce e compétence permet à l'équipe de bien fonctionner et, en outre, les conséquences de la décision peuvent également être bien évaluées.

Le retour d'information n'est pas négatif

Le retour d'information est très bien reçu et calmement par les personnes dotées d'intelligence émotionnelle. Ce faisant, un retour d'information constructif et ouvert leur offre la possibilité de donner le meilleur d'eux-mêmes. C'est pourquoi les employés dotés d'une intelligence émotionnelle sont également appréciés par de nombreux employeurs.

Les personnes émotionnellement intelligentes ont un niveau élevé d'estime de soi. Cela vous permet de porter un regard positif sur les domaines où une amélioration est nécessaire. L'intelligence émotionnelle signifie que le feedback n'est jamais considéré comme quelque chose de personnel.

L'influence positive sur les autres

Ceux qui ont une intelligence émotionnelle peuvent influencer les autres dans l'organisation. En outre, les personnes émotionnellement intelligentes sont également un bon exemple pour leurs collègues et montrent comment gérer le stress et les situations imprévues. Ainsi, les collègues les traitent également avec respect et les difficultés quotidiennes sur le lieu de travail peuvent être mieux gérées.

En même temps, les personnes émotionnellement intelligentes sont de bons joueurs d'équipe. Un bon travail d'équipe et la tolérance sont des piliers importants pour le succès d'une entreprise. Les personnes dotées d'une intelligence émotionnelle peuvent travailler avec un large éventail de personnes. De bonnes relations sont établies, ce qui favorise une bonne atmosphère de travail.

La compassion arrive toujours

De plus en plus d'entreprises accordent une grande importance à la sensibilité et à l'empathie sur le lieu de travail. Il s'agit avant tout des produits ou services offerts par l'entreprise, mais aussi des personnes qui y travaillent.

Les personnes dotées d'une intelligence émotionnelle sont a entives aux sentiments des employés et sont donc capables d'instaurer la confiance dans toute l'entreprise. C'est pourquoi les employés dotés d'une intelligence émotionnelle sont appréciés.

Le bon sens

Les personnes émotionnellement intelligentes font appel à leur bon sens et s'y retrouvent mieux dans un monde complexe. En outre, les points de friction dans les situations interpersonnelles peuvent également être évalués très rapidement.

Grâce à l'intelligence émotionnelle, il est non seulement possible de travailler de manière indépendante, mais aussi d'établir et d'entretenir des relations avec d'autres personnes. Le fait que ces personnes puissent reconnaître et influencer leurs propres sentiments et ceux des autres permet de créer un réseau d'entraide.

L'empathie permet de résoudre plus facilement les conflits entre collègues. Les personnes émotionnellement intelligentes reçoivent une grande appréciation de la part de leurs collègues. Il leur est ainsi plus facile de trouver un soutien et ils peuvent a eindre leurs propres objectifs avec raison et motivation.

Forces et faiblesses : Pas de problème !

Grâce à l'intelligence émotionnelle, il est possible de reconnaître ses propres forces et faiblesses, ainsi que celles des autres. De ce e manière, une approche constructive et respectueuse de ses propres capacités et traits de caractère est possible. Grâce à l'intelligence émotionnelle, les forces peuvent être développées et les faiblesses réduites. Cela permet de créer une atmosphère agréable sur le lieu de travail.

L'intelligence émotionnelle est donc essentielle pour réussir dans le monde d'aujourd'hui. Cela se justifie par le fait que de plus en plus d'entreprises sélectionnent leurs candidats sur la base de compétences émotionnellement intelligentes. Quiconque veut réussir aujourd'hui, que ce soit au travail ou dans la sphère privée, ne pourra éviter d 'améliorer sa propre intelligence émotionnelle.

En définitive, ce type d'intelligence est présent dans chaque être humain. Il suffit de la découvrir et de l'entretenir en conséquence. Une intelligence émotionnelle déjà existante peut être constamment développée et étendue.

Outlook

L'intelligence émotionnelle est un élément important de notre vie. Nous pouvons la développer et la contrôler de manière appropriée. Les personnes dotées d'une intelligence émotionnelle sont capables d'écouter, de comprendre les émotions des autres et de contrôler les leurs, ainsi que de communiquer de manière respectueuse.

Les personnes émotionnellement intelligentes ont une bonne connaissance et une bonne maîtrise d'elles-mêmes, ainsi que la capacité de fixer et de communiquer des limites. De cette façon, la manipulation peut être évitée. Par conséquent, un quotient intellectuel élevé ne garantit pas que l'on soit une personne intelligente ou que l'on réussisse.

En conséquence, les éléments les plus importants de l'intelligence émotionnelle sont la conscience de soi, l'autodirection, la motivation, l'empathie, la compétence sociale et les aptitudes à la communication.

Grâce à la conscience de soi, nous sommes en mesure d'évaluer de manière réaliste notre propre personnalité. Nous pouvons reconnaître et comprendre nos propres sentiments, besoins, objectifs et motivations. Mais nous sommes également conscients de nos forces et de nos faiblesses. Grâce à cet élément de l'intelligence émotionnelle, nous sommes capables de bien nous évaluer, de savoir comment nous réagissons dans certaines situations. Nous savons également ce dont nous avons besoin et les domaines sur lesquels nous devons encore travailler. Après tout, c'est nous qui nous connaissons le mieux.

La capacité d'influencer et de contrôler ses propres sentiments et humeurs par le biais d'un dialogue intérieur s'appelle la maîtrise de soi. Cette capacité nous permet de ne pas être simplement à la merci de nos sentiments, mais plutôt de les influencer de manière constructive. Par exemple, dans un état de colère, nous sommes capables de nous calmer grâce à un dialogue intérieur. De cette façon, nous pouvons réagir de manière plus appropriée et nous sommes moins enclins à des réactions instinctives.

Grâce à un haut degré d'intelligence émotionnelle, nous sommes également capables de nous motiver constamment. Nous pouvons donc développer en nous-mêmes une volonté de performance et un enthousiasme. Grâce à ces capacités, nous pouvons faire face à des tâches plus difficiles, notamment au travail, ou nous adapter plus facilement à des situations nouvelles et inattendues. En outre, la motivation nous offre la possibilité de toujours recharger nos batteries pour continuer à avancer. Ainsi, la tolérance à la frustration est très faible.

L'empathie nous donne la capacité de nous mettre à la place d'autres personnes. Nous pouvons également y répondre de manière appropriée. Avec suffisamment d'empathie, nous sommes capables d'accepter tous nos semblables à leur manière. Cependant, nous ne sommes pas obligés d'approuver tout ce que ces personnes font ou l'attitude qu'elles ont.

Accepter les gens dans leur être signifie que nous leur montrons du respect et de la compréhension pour leurs pensées et leurs actions.

La capacité à établir des contacts et des relations avec d'autres personnes et à maintenir ces relations à long terme est appelée compétence sociale. Cela inclut également une bonne gestion des relations et des conflits. Mais les qualités de leadership et les mesures de renforcement de l'esprit d'équipe ont également leur place dans ce domaine.

L'un des points les plus importants de l'intelligence émotionnelle est la capacité à communiquer. D'une part, cela se caractérise par une manière claire et compréhensible de s'exprimer, avec laquelle les préoccupations peuvent être communiquées de manière transparente et claire. En outre, la capacité à communiquer se caractérise par le fait que nous pouvons écouter les autres de manière a entive et active. Nous comprenons également ce qu'ils disent et pouvons le classer en conséquence.

L'intelligence émotionnelle peut nous aider dans de nombreux domaines de la vie. Mais surtout en ce qui concerne la réussite professionnelle, ce type d'intelligence ne peut plus être ignoré.

Les personnes émotionnellement intelligentes réussissent aussi bien dans leur vie professionnelle que privée. Ils ont la capacité de bien traiter avec les gens. En même temps, ils peuvent utiliser leurs compétences en matière de leadership. En outre, de plus en plus d'entreprises a achent une grande importance aux employés dotés d'une intelligence émotionnelle, car ils peuvent mieux gérer le stress et améliorer l'atmosphère de travail.

Dans la sphère privée, l'intelligence émotionnelle permet de mieux traiter avec les partenaires et la famille. Les conflits peuvent également être maîtrisés de manière plus constructive, voire évités de ce e manière. L'écoute active et l'acceptation des autres êtres humains font que les personnes émotionnellement intelligentes sont très populaires. Ils cultivent également des relations et des amitiés profondes. Néanmoins, ils n'oublient pas de toujours prendre soin d'eux-mêmes et sont généralement plus satisfaits et plus équilibrés de ce e manière.

Vous avez appris les faits de base sur l'intelligence émotionnelle grâce aux informations contenues dans ce livre. Vous savez dans quels domaines de la vie elle est importante et comment vous pouvez également utiliser ce type d'intelligence de manière profitable pour votre réussite. En outre, vous pouvez améliorer constamment votre intelligence émotionnelle grâce à des exercices et des méthodes ciblés.

Mais surtout, vous pourriez apprendre que sans intelligence émotionnelle, vous vous verrez refuser de nombreuses opportunités dans la vie. Sans ce e petite dose d'intelligence, vous n'aurez pas autant de succès que les personnes émotionnellement intelligentes.

Partie pratique

Les exercices suivants peuvent vous aider à développer davantage le potentiel de votre intelligence émotionnelle.

Exercice pour accéder à vos propres émotions

Cet exercice vous aidera à remarquer vos réactions émotionnelles à différents événements de la journée. Bien trop souvent, nous nous contentons de bloquer nos sentiments et nos réactions à tout ce que nous vivons au cours de la journée. Il est important de prendre le temps de remarquer comment les différentes expériences de la journée nous affectent et ce que nous ressentons.

Si nous ignorons nos sentiments, nous ignorons aussi des informations importantes. Or, ceux-ci ont une influence déterminante sur notre mentalité et notre comportement. Vous pouvez donc commencer à prêter plus d'a ention à vos sentiments et à les relier à vos expériences.

Essayez de remarquer tous les sentiments qui vous arrivent au cours de la journée. Par exemple, si vous êtes interrompu dans une conversation, essayez de remarquer le sentiment que cela suscite en vous.

Mais essayez aussi de percevoir consciemment des sentiments positifs, par exemple lorsque vous êtes félicité pour vos performances. Mieux vous percevez vos sentiments, mieux vous pouvez les nommer. Cela contribue de manière significative à l'expansion de votre intelligence émotionnelle.

Vous pouvez intensifier cet exercice en choisissant un moment précis de la journée pour accéder à vos émotions.

Par exemple, vous pourriez alors prendre conscience de vos sentiments lorsque vous vous réveillez le matin. Cela pourrait être un excellent rituel matinal.

Exercice 1: Entraînez votre conscience corporelle

Cet exercice vous aide à être plus à l'écoute de votre corps. Les sentiments provoquent toujours des signes physiques. Au lieu de les ignorer, comme vous l'avez fait, commencez dès aujourd'hui à écouter les signes de votre corps. Réalisez que votre corps et votre esprit ne sont pas deux entités distinctes. Au contraire, ils s'influencent mutuellement, et de manière très puissante. En apprenant à interpréter correctement les signaux de votre corps, vous améliorerez votre intelligence émotionnelle.

Par exemple, prêtez a ention à ce qui déclenche le stress dans votre corps. Dans la plupart des cas, vous ressentirez une pression dans l'estomac ou la poitrine lors de situations stressantes. Votre respiration peut également s'accélérer lorsque vous êtes stressé.

Lorsque vous êtes triste, vos membres peuvent se sentir lourds et léthargiques. La joie et le bonheur, quant à eux, se caractérisent par des palpitations cardiaques et des niveaux d'énergie plus élevés.

Exercice 2 : Briser les schémas

À l'aide de cet exercice, vous pouvez identifier des schémas dans votre développement émotionnel. En même temps, vous apprenez beaucoup sur vos propres sentiments et sur la façon dont ils sont liés à vos propres expériences. Lorsque vous ressentez une émotion forte, demandez-vous à quand remonte la dernière fois où vous avez ressenti cela. Essayez également de savoir ce qui s'est passé avant, pendant et après.

Ensuite, lorsque vous aurez trouvé un modèle approprié, vous pourrez mieux contrôler votre comportement. Vous pouvez également observer comment vous avez réagi ou agi dans certaines situations. Selon votre intuition, vous pouvez briser ces schémas et vous comporter différemment dans de telles situations à l'avenir.

Pour cet exercice, il peut également être utile de tenir un journal. Vous y notez les différentes émotions et les réactions associées à certaines situations. Vous pouvez également écrire ce que vous ressentez chaque jour. De ce e façon, vous pouvez encore mieux découvrir comment vous réagissez dans certaines situations.

Exercice 3: Prêter a ention au langage corporel de votre interlocuteur

Grâce à cet exercice, vous pouvez également lire entre les lignes et percevoir les sentiments de votre interlocuteur. Pour ce faire, il suffit de prêter a ention au langage corporel et aux expressions faciales. Il y a des personnes qui expriment des pensées et des sentiments - mais les expressions faciales de ces personnes disent quelque chose de différent. Essayez d'être un bon observateur, vous pourrez ainsi distinguer les différentes manières dont les gens communiquent leurs sentiments.

Par exemple, orientez-vous en fonction de la hauteur de votre voix. En règle générale, une voix plus aiguë indique un sentiment de stress chez votre interlocuteur.

Exercice 4 : votre effet sur les autres

Cet exercice peut vous aider à percevoir votre effet sur les autres, ce qui témoigne également de l'intelligence émotionnelle. Essayez de savoir si vous rendez les autres personnes nerveuses, en colère ou heureuses. Par exemple, vous pouvez observer les réactions lorsque vous entrez dans la pièce pendant une conversation. Est-ce que les gens arrêtent de parler et vous remarquent ? Ou bien tout reste-t-il en l'état et on ne vous remarque même pas ?

Sur la base de vos observations, vous pouvez déterminer quels schémas comportementaux vous devez changer. Par exemple, si vous déclenchez des sentiments négatifs tels que la tristesse ou la colère chez les personnes qui vous entourent, vous devez travailler sur votre comportement. De ce e façon, vous pouvez avoir un effet plus positif sur les autres.

Vous pouvez également demander à vos amis, à votre famille ou à vos proches comment ils décriraient votre impact émotionnel sur les autres. Il se peut que vous ne soyez pas en mesure d'interpréter correctement votre effet sur votre entourage. Dans ce cas, des personnes extérieures peuvent vous aider.

Exercice 5: L'honnêteté est la meilleure politique

Les personnes émotionnellement intelligentes sont honnêtes. Par conséquent, vous devez également vous efforcer d'être toujours honnête. Cela inclut les petits mensonges blancs que chacun d'entre nous utilise de temps en temps. Mais avant tout, vous devez toujours être honnête sur vos sentiments. Si vous ne vous sentez pas bien, vous devez également le signaler.

En communiquant directement vos sentiments, vous donnez à votre entourage un accès à vous et à vos sentiments. Lorsque vous êtes en harmonie avec vous-même et vos sentiments, les autres peuvent également apprendre à mieux vous connaître. En outre, les autres peuvent également vous faire davantage confiance de ce e manière.

Dans cet exercice en particulier, vous devez prêter a ention au fait que l'honnêteté doit aussi avoir des limites. Pour cet exercice, vous devez être capable de contrôler vos sentiments de manière à ne pas blesser les autres.

Exercice 6 : améliorer la communication

L'intelligence émotionnelle nous permet de nous exprimer de manière intelligible et nous permet de poser des questions essentielles. Les personnes émotionnellement intelligentes ont une capacité unique à communiquer. Ils peuvent parler à d'autres personnes sans se parler les uns aux autres.

Si vous pouvez répondre aux questions suivantes pour vous-même avant chaque entretien, vous améliorerez également vos compétences en matière de communication.

Quel est le but de la conversation ?

Avant chaque conversation, vous devez vous demander ce que vous voulez réellement obtenir avec elle. Quelles actions pensez-vous entreprendre à la suite de ce e conversation ?Ainsi, avant le premier mot, essayez de réfléchir longuement à ce que vous ou même votre interlocuteur devrait apporter à la conversation.

Cela présente l'avantage que vous êtes conscient de vos propres intentions. Cela vous permet de mieux orienter la conversation. En outre, vous pouvez également utiliser vos propres idées pour mieux transme re à votre interlocuteur ce que vous voulez réellement dire. Cela leur permet de mieux vous comprendre.

Comment je le dis ?

Non seulement ce qui est dit est important, mais aussi la manière de le dire. Gardez toujours à l'esprit le dicton : "Le ton fait la musique". De nombreux conflits ne résultent pas des mots prononcés, mais de la manière dont ils sont prononcés. Le mauvais ton peut rapidement transformer une déclaration anodine en accusation et la réaction en chaîne d'un conflit suit son cours.

Vous devez donc réfléchir à votre choix de mots avant chaque conversation. Faites a ention aux remarques inconsidérées. Une fois qu'ils sont prononcés, il n'y a pas de retour en arrière possible. Si vous vous trouvez dans une telle situation, où vous risquez de dire quelque chose sous le coup de la colère ou de la rage que vous regre erez par la suite, il est préférable de garder le silence. Dans ce cas, il peut être utile de garder le silence et de respirer un peu.

En prenant un petit temps d'arrêt, vous pouvez vous demander si les mots que vous aviez sur le bout de la langue pourraient être mal interprétés par votre interlocuteur.

Qu'est-ce que je ne dis pas ?

Notre communication ne se fait pas toujours sur un plan verbal. Saviez-vous, par exemple, que 65 % de notre communication est non verbale ? Cependant, nous ne pouvons pas toujours contrôler consciemment notre langage corporel. C'est pourquoi nous pouvons mieux lire les sentiments d'une personne à travers les expressions faciales et les gestes que par les mots.

Il peut donc être utile d'accorder une a ention particulière au langage corporel au cours d'une conversation, tant le vôtre que celui de votre interlocuteur. Vous devez non seulement vous concentrer sur l'audition et la compréhension, mais aussi prêter a ention au langage corporel.

Est-ce que j'écoute correctement ?

Une bonne communication repose également sur la compréhension de ce que votre interlocuteur a end réellement de vous. Dans ce cas, l'écoute est essentielle. Pendant une conversation, vous ne devez jamais vous concentrer que sur votre interlocuteur.

Essayez de ne pas vous laisser distraire. Vous ne devez pas non plus a endre d'avoir enfin votre mot à dire.

Il s'agit d'une difficulté à laquelle de nombreuses personnes doivent faire face. Car souvent, nous sommes bien trop occupés par nous-mêmes et ne pouvons pas nous concentrer à 100 %sur notre interlocuteur. Dans une bonne communication, cependant, nous ne nous contentons pas d'accorder une partie de notre a ention à notre interlocuteur.

Si vous voulez bien écouter, vous devez également envoyer des signaux qui indiquent la curiosité et l'intérêt. Par exemple, penchez-vous en avant ou maintenez le contact visuel. Même en posant des questions, vous pouvez signaler à votre interlocuteur que vous êtes déjà mentalement engagé dans ce qu'il dit.

Mes paroles sont-elles bien reçues ?

Les conflits ou même les problèmes de communication surviennent dans la plupart des cas parce que l'interlocuteur n'a pas pris et compris les mots ou les messages tels qu'ils étaient destinés. Une bonne communication peut toutefois se passer de malentendus. C'est pourquoi vous devez veiller à vous exprimer clairement.

En fonction du sujet de la conversation, vous pouvez être amené à donner des instructions précises ou à optimiser le flux d'informations. Si vous vous exprimez avec précision, vous pouvez éviter les malentendus.

Est-ce le bon moment ?

Il y a certains sujets de conversation pour lesquels il faut choisir le bon moment. Ainsi, certains facteurs peuvent également le déterminer et il n'est pas rare que cela demande un peu de sensibilité. En particulier pour les conversations importantes, vous devez toujours vous demander à l'avance si le moment est opportun pour votre interlocuteur.

Pour éviter ce problème, vous pouvez demander à l'avance si une conversation est maintenant possible. Cependant, prêtez également a ention aux signaux non verbaux lorsque votre interlocuteur répond. Si vous n'êtes pas d'accord avec ce qui est dit, reme ez la conversation à plus tard.

Est-ce que je traite bien mon interlocuteur ?

La communication nécessite au moins deux personnes. En conséquence, vous devez également veiller à bien traiter votre interlocuteur. Laissez-vous votre interlocuteur s'exprimer ou l'interrompez-vous sans cesse ? Prends-tu ce qui est dit au sérieux ou ne t'en soucies-tu pas du tout ?

Plus vous vous placez au centre de la conversation, plus votre interlocuteur le percevra. Voir la communication comme un échange et non comme un soliloque. Considérez également que vous ne devez pas toujours être de la même opinion que votre interlocuteur au cours d'une conversation. Néanmoins, vous devez aussi laisser les autres s'exprimer et toujours les traiter avec respect.

Exercice 7 : enrichir le vocabulaire

Les personnes émotionnellement intelligentes ont un vocabulaire large et varié. Ainsi, ils peuvent s'exprimer de manière habile et compréhensible dans toutes les situations de la vie.

Pour enrichir votre vocabulaire, vous pouvez utiliser les exercices suivants.

Utilisez des synonymes !

Les synonymes vous aident à trouver des alternatives à votre vocabulaire standard. Utilisez par exemple des dictionnaires ou l'Internet à ce e fin. Avec des synonymes, vous pouvez parfois aussi créer une atmosphère complètement différente et ainsi élargir votre vocabulaire. Il est préférable d'écrire les mots nouvellement trouvés, afin de mieux lesmémoriser. Essayez d'utiliser les synonymes que vous avez trouvés dans vos futures conversations.

Résolvez des mots croisés !

Résoudre des mots croisés peut également vous aider à enrichir votre vocabulaire. Si vous préférez le jeu, vous pouvez opter pour le Scrabble ou d'autres jeux de mots. Jouer avec les mots a un effet positif sur votre vocabulaire. En effet, en jouant à des jeux qui vous amusent, vous intégrez plus facilement les nouveaux mots dans votre vocabulaire.

Lisez !

En lisant des ouvrages différents, vous apprendrez rapidement de nouveaux mots. L'idéal est de se lire les textes à haute voix, ce qui permet de se souvenir plus facilement des mots. Vous pouvez rendre cet exercice un peu plus difficile en essayant de reformuler ce que vous lisez. Cela vous aidera également à améliorer votre vocabulaire.

Printed in Poland
by Amazon Fulfillment
Poland Sp. z o.o., Wrocław

85851995R00072